实践应用型学前教育专业精品教材

幼儿园体育活动设计与指导

主　编　杨美男　郭　玮
副主编　陆小庆　俞苗苗
　　　　管海英　吴伶俐

中国人民大学出版社
·北京·

图书在版编目（CIP）数据

幼儿园体育活动设计与指导/杨美男，郭玮主编
.--北京：中国人民大学出版社，2021.10
实践应用型学前教育专业精品教材
ISBN 978-7-300-29593-0

Ⅰ.①幼… Ⅱ.①杨… ②郭… Ⅲ.①学前教育一体
育课一教材 Ⅳ.①G613.7

中国版本图书馆 CIP 数据核字（2021）第 132252 号

实践应用型学前教育专业精品教材
幼儿园体育活动设计与指导
主　编　杨美男　郭　玮
副主编　陆小庆　俞苗苗　管海英　吴伶俐
You'eryuan Tiyu Huodong Sheji yu Zhidao

出版发行	中国人民大学出版社		
社　　址	北京中关村大街 31 号	**邮政编码**	100080
电　　话	010－62511242（总编室）		010－62511770（质管部）
	010－82501766（邮购部）		010－62514148（门市部）
	010－62515195（发行公司）		010－62515275（盗版举报）
网　　址	http://www.crup.com.cn		
经　　销	新华书店		
印　　刷	北京昌联印刷有限公司		
规　　格	185 mm×260 mm　16 开本	**版　　次**	2021 年 10 月第 1 版
印　　张	12.5	**印　　次**	2021 年 10 月第 1 次印刷
字　　数	217 000	**定　　价**	39.00 元

出版说明

随着经济社会的不断发展，人们生活水平的不断提高，教育在社会中的作用日益凸显。尤其是随着近年来二孩、三孩政策的推出，整个社会对学前教育的重视程度达到前所未有的高度。这无疑对当前的学前教育事业，以及学前教育人才培养体系提出了更高的要求，也为新时代学前教育教学改革、教师素质提升、新形态教材建设工作提供了新的探究视角。为了适应时代需求，深入学习贯彻习近平新时代中国特色社会主义思想、《中共中央 国务院关于学前教育深化改革规范发展的若干意见》，结合“三教”改革契机和国家规划教材、全国优秀教材申报和评选工作，中国人民大学出版社组织策划了“实践应用型学前教育专业精品教材”。

本套教材依据教育部颁发的《幼儿园教育指导纲要（试行）》《幼儿园教师专业标准（试行）》《3 ～ 6 岁儿童学习与发展指南》等文件要求，坚持理论联系实际，注重讲、学、练结合，突出岗位技能训练，在内容和体例上力求做到科学、实用、新颖。其中，理论知识构建以阐述基本问题为主，语言表述通俗易懂，便于理解；专业技能训练与幼教机构的实际需求相对接，具有较强的实用性和可操作性。在教材形态上，倡导新型活页式教材和工作手册式教材，突出以工作任务为导向的项目化教学模式，融合课程内容与职业岗位基本要求，旨在培养具备学前教育教学和课程开发能力，以及“说、弹、唱、做、演”等综合能力的“一专多能”型学前教育人才。

为更好地落实《教育部等四部门印发〈关于在院校实施“学历证书 ＋ 若干职业技能等级证书”制度试点方案〉的通知》（教职成〔2019〕6 号）等文件精神，积极稳妥推进 1＋X 证书制度工作，实现学前教育专业“岗课赛证融通”的综合育人模式，我社邀请知名院校和教研机构专家及一线知名教师，结合历年幼儿园教师资格考试的规律、特点，在移动平台上为广大学前教育专业的学生和从业人员开发了幼儿园教师资格考试立体化学习资源库。该资源库包括“幼儿园综合素质”“幼儿园保教知识与能力”两个科目的在线视频课程，以及配套的历年真题、模拟练习、章节练习等资源，可以为学习者提供全面、系统、科学的幼儿园教师资格考试学习指导。

中国人民大学出版社历来重视专业建设、课程改革和教师培训工作，在学前教育、早期教育、婴幼儿托育服务与管理等专业领域持续提供相关服务，包括教材开发、资源建设、举办教学研讨会议、师资培训等。我们将一如既往致力于学前教育专业建设和人才培养工作，欢迎广大教师和相关社会从业人员给我们多提宝贵建议和意见，共同为培养德智体美劳全面发展的社会主义建设者和接班人贡献一份自己的力量！

中国人民大学出版社

前言

无论是《关于当前发展学前教育的若干意见》，还是《国家中长期教育改革和发展规划纲要（2010—2020年）》，最终的目标都是促进学前儿童健康、全面的发展。幼儿阶段是儿童身心发展非常迅速且十分重要的时期，而体育活动对于增强幼儿的体质，使其保持愉快的情绪，并为其在其他领域的深入学习和发展奠定基础具有重要意义。因此，学习并掌握科学组织和指导幼儿园体育活动尤为重要。

“幼儿园体育教法”是高职高专学前教育专业学生的专业课，本书定位于高职院校学前教育专业教学标准的基本要求，在把握时代特征的同时，借鉴学前教育界前辈与同行的研究成果，注重实用性与操作性，既可作为学前教育专业学生的教材，也可作为幼儿园教师的辅助工具。本书具有以下特点：

1. 体例灵活多样，每章开头有学习目标、任务导入；文中有二维码可扫出对应的动态视频，还设有案例、知识链接等栏目；章末有本章小结、实训内容和同步练习，使学生学练结合。

2. 内容基础，理论与实践相结合，可操作性强。

3. 语言通俗易懂，便于学生理解和接受。

本书共八章内容，其中，第一章是幼儿体育活动概述，囊括幼儿体育活动的意义与目标和幼儿体育活动与幼儿健康等内容；第二章是幼儿基本动作的发展，包括幼儿的走、跑、跳、投掷、钻爬、平衡、支撑、翻滚及悬垂等基本动作发展特点、能力要求及优秀教学案例分享等内容；第三章和第四章是幼儿体操和运动器械体育活动，概述幼儿体操和幼儿运动器械体育活动的内容及相关的活动案例；第五章和第六章是幼儿体育游戏和民族民间体育游戏，包括两种游戏的分类、创编及优秀教学案例分享等内容；第七章是幼儿体育活动的组织形式，包括晨间锻炼、户外体育活动、体育教学活动、区域体育活动和室内体育活动的特点、内容及上述幼儿体育活动的具体组织方法；第八章是幼儿园体育活动设计与评价，主要介绍了小、中、大班的幼儿体育活动设计方法和评价方法。

本书是编写团队对幼儿园体育教育等相关问题的探索和思考的阶段性总结。本书由杨美男、郭玮担任主编，陆小庆、俞苗苗、管海英、吴伶俐担任副主编，参编人员包括李佳颖、严子玥、赵玉环、王剑梅、储慧颖、张秀梅、刘华艳、高迎迎、徐冬梅、胡桂华、宋慧珍、于亚南、程伟、郝丽、张少轶、顾芳、张梅、郭小倩等。在编写过程中，编写成员虽耗费很多精力，但难免存在不足之处，希望各位专家、同行、读者不吝赐教，批评指正。感谢阜阳地直幼儿园、界首市实验幼儿园、阜阳市文峰幼儿园、阜阳市颍东区枣庄幼儿园的园长、老师及小朋友们的配合，同时也要感谢这本书所参考和引用书目的原作者。

杨美男

目 录

第一章　幼儿体育活动概述

【学习目标】

- 掌握幼儿体育活动的概念。
- 理解幼儿体育活动的目标。
- 理解幼儿体育活动的意义。
- 理解幼儿体育活动与幼儿健康的关系。

【任务导入】

- 结合所学的理论知识，组织学生到幼儿园观察并记录幼儿一日生活，分析哪些活动属于幼儿体育活动，以及幼儿一日生活中体育活动应占的时长。
- 对幼儿园小、中、大班教师进行访谈，了解幼儿园小、中、大班幼儿体育活动的内容、目标、方法和存在的问题。
- 参加幼儿体育活动，了解一个班级幼儿体育活动的情况，观察积极参加体育活动的幼儿和参与度较低的幼儿在身体素质和个性品质方面有何不同。

- 针对参与度较低的幼儿，设计一些有趣的活动，提高其参与体育活动的兴趣。

第一节　幼儿体育活动的意义与目标

一、幼儿体育活动概述

什么是体育?《现代汉语词典》对体育有两种解释：

（1）以发展体力，增强体质为主要任务的教育，通过参加各种运动来实现，在活动的过程中以锻炼人的身体为目的。

（2）指体育运动。锻炼身体增强体质的各种活动，包括田径、体操、球类、游泳、武术、登山、射击、滑冰、滑雪、举重、摔跤、击剑等各种项目。

如上，我们可以看出，体育有两种含义：一种是指体育教育，比如我们熟悉的体育课，就是老师为了增强学生的体质而进行的一种体育教育；另一种是指各种各样的体育运动，比如奥运会赛场上各种各样的运动项目，以及其他各种以增强体质、锻炼身体为目的的运动。

“幼儿体育活动”不同于“体育”，它不以训练竞技为目的。根据幼儿教育活动的特点，幼儿体育活动包括游戏、身体运动、活动指导等方面。幼儿体育活动是遵循幼儿身心生长发育的规律，以增强幼儿体质、增进幼儿健康为目的，通过游戏等快乐的方式来激发和保持幼儿参与体育活动的兴趣，促进幼儿身心健康和谐发展的一系列教育活动。

二、幼儿体育活动的目标

《幼儿园工作规程》（以下简称《规程》）在幼儿保育和教育目标中明确规定了幼儿园要促进幼儿身体正常发育和机能的协调发展，增强体质，促进心理健康，培养良好的生活习惯、卫生习惯和参加体育活动的兴趣。《幼儿园教育指导纲要（试行）》（以下简称《纲要》）对幼儿体育活动的要求如下：身体健康，在集体生活中情绪安定愉快；喜欢参加体育活动，动作协调灵活。《3～6岁儿童学习与发展指南》（以下简称《指南》）对幼儿的身心状况和动作发展均提出了一定的要求。因此，幼儿园体育活动的目标可归纳为以下几点。

（一）提高幼儿身体素质

良好的身体素质是幼儿进行其他活动的基础，因此，提高幼儿身体素质是幼儿园体育活动的首要任务。提高幼儿身体素质具体包括以下内容：

（1）促进幼儿大肌肉动作的发展，如走、跑、跳、平衡、投掷、钻爬、攀登等基本动作。参考《指南》对幼儿动作发展的目标，如表 1－1 所示。

表 1－1　幼儿动作发展目标

3～4 岁	4～5 岁	5～6 岁
1. 能沿地面直线或在较窄的低矮物体上走一段距离； 2. 能双脚灵活交替上下楼梯； 3. 能身体平稳地双脚连续向前跳； 4. 分散跑时能躲避他人的碰撞； 5. 能双手向上抛球	1. 能在较窄的低矮物体上平稳地走一段距离； 2. 能以匍匐、膝盖悬空等多种方式钻爬； 3. 能助跑跨跳过一定距离，或助跑跨跳过一定高度的物体； 4. 能与他人玩追逐、躲闪跑的游戏； 5. 能连续自抛自接球	1. 能在斜坡、荡桥和有一定间隔的物体上较平稳地行走； 2. 能以手脚并用的方式安全地爬攀登架、网等； 3. 能连续跳绳； 4. 能躲避他人滚过来的球或扔过来的沙包； 5. 能连续拍球

（2）锻炼幼儿肢体的协调性、耐力等。参考《指南》对幼儿力量和耐力发展的目标，如表 1－2 所示。

表 1－2　幼儿力量和耐力发展目标

3～4 岁	4～5 岁	5～6 岁
1. 能双手抓杠悬空吊起 10 秒左右； 2. 能单手将沙包向前投掷 2 米左右； 3. 能单脚连续向前跳 2 米左右； 4. 能快跑 15 米左右； 5. 能行走 1 公里左右（途中可适当停歇）	1. 能双手抓杠悬空吊起 15 秒左右； 2. 能单手将沙包向前投掷 4 米左右； 3. 能单脚连续向前跳 5 米左右； 4. 能快跑 20 米左右； 5. 能连续行走 1.5 公里左右（途中可适当停歇）	1. 能双手抓杠悬空吊起 20 秒左右； 2. 能单手将沙包向前投掷 5 米左右； 3. 能单脚连续向前跳 8 米左右； 4. 能快跑 25 米左右； 5. 能连续行走 1.5 公里以上（途中可适当停歇）

（3）提高幼儿身体对环境变化的适应能力。参考《指南》对幼儿适应能力发展的目标，如表 1－3 所示。

表 1－3　幼儿适应能力发展目标

3～4 岁	4～5 岁	5～6 岁
1. 能在较热或较冷的户外环境中活动； 2. 换新环境时情绪能较快稳定，睡眠基本正常； 3. 在帮助下能较快适应集体生活	1. 能在较热或较冷的户外环境中连续活动半小时左右； 2. 换新环境时较少出现身体不适； 3. 能较快适应人际环境中发生的变化，如换了新老师能较快适应	1. 能在较热或较冷的户外环境中连续活动半小时以上； 2. 天气变化时较少感冒，能适应车、船等交通工具造成的轻微颠簸； 3. 能较快融入新的人际关系环境，如换了新的幼儿园或班级能较快适应

（4）增强幼儿的抵抗力。

（5）养成正确的站、立、行姿势，帮助幼儿形成健康的体态。参考《指南》对幼儿身高、体重以及站、坐和行走姿势的发展目标，如表 1－4 所示。

表 1－4　幼儿身高、体重以及站、坐和行走姿势的发展目标

3～4 岁	4～5 岁	5～6 岁
1. 身高和体重适宜 参考标准： 男孩： 身高：94.9～111.7 厘米 体重：12.7～21.2 公斤 女孩： 身高：94.1～111.3 厘米 体重：12.3～21.5 公斤 2. 在提醒下能自然坐直、站直	1. 身高和体重适宜 参考标准： 男孩： 身高：100.7～119.2 厘米 体重：14.1～24.4 公斤 女孩： 身高：99.9～118.9 厘米 体重：13.7～24.9 公斤 2. 在提醒下能保持正确的站、坐和行走姿势	1. 身高和体重适宜 参考标准： 男孩： 身高：106.1～125.8 厘米 体重：15.9～27.1 公斤 女孩： 身高：104.9～125.4 厘米 体重：15.3～27.8 公斤 2. 经常保持正确的站、坐和行走姿势

注：身高和体重数据来源于《2006 年世界卫生组织儿童生长标准》中 4、5、6 周岁儿童身高和体重的参考数据。

（二）培养幼儿良好的运动习惯和运动兴趣

培养良好的运动习惯和运动兴趣是幼儿体育活动的重要目标。健康人生的基础是良好行为习惯的培养，习惯要从小培养，好习惯会让人受益终身。培养幼儿良好的运动习惯和运动兴趣具体包括以下两方面。

（1）运用多种多样的方式，激发幼儿对体育活动的兴趣。如，幼儿模仿小兔子走路，锻炼跳的动作；模仿小蛇走路，锻炼身体的协调性等。

（2）有意识地培养幼儿体育运动的习惯。如，幼儿每天早上来园之后，老师先带着幼儿在操场晨跑，逐步培养幼儿的运动习惯。

（三）促进幼儿心理健康发展

运动能够给幼儿带来快乐、成就感和满足感。体育活动能培养幼儿坚强、不怕困难的意志品质，培养幼儿自信、勇敢、乐观的个性。促进幼儿心理健康发展具体包括以下 3 个方面。

（1）促进幼儿情绪的发展。运动能给幼儿带来快乐，帮助幼儿疏解紧张焦虑的情绪，释放压力，有助于幼儿良好情绪的发展。幼儿情绪的发展目标，如表 1－5 所示。

表 1－5　幼儿情绪的发展目标

3～4 岁	4～5 岁	5～6 岁
1. 情绪比较稳定，很少因一点小事哭闹不止； 2. 有比较强烈的情绪反应时，能在成人的安抚下逐渐平静下来	1. 经常保持愉快的情绪，不高兴时能较快缓解； 2. 有比较强烈的情绪反应时，能在成人的提醒下逐渐平静下来； 3. 愿意把自己的情绪告诉亲近的人，一起分享快乐或求得安慰	1. 经常保持愉快的情绪，知道引起自己某种情绪的原因，并努力缓解； 2. 表达情绪的方式比较适度，不乱发脾气； 3. 能随着活动的开展转换情绪和注意力

（2）促进幼儿良好个性的形成。通过体育活动，培养幼儿的规则意识、责任感，形成坚强的意志品质等。

（3）通过团队合作促进社会性的发展。幼儿通过体育活动，知道与他人合作的重要性，形成集体意识，培养团队精神。

三、幼儿体育活动的意义

（一）增强幼儿体质

《指南》对各年龄段幼儿的健康提出了肢体力量、身体平衡、运动协调和耐力等方面的具体要求，为幼儿体育活动的实施指明了方向。幼儿时期，身体各个器官、组织还没有发育完善。同时，幼儿期又是人一生中生长发育十分迅速的时期。科学、适当的体育活动能够促进幼儿机体的正常生长发育，增强幼儿体质，为幼儿一生的健康成长打下坚实的基础。

幼儿的身体素质反映了身体的健康状况，如肌肉的力量、耐力、速度等，以及对外界温度的适应能力。幼儿通过参加体育活动，能有效地提高身体素质。如通过参加走、跑、跳等体育活动，锻炼幼儿腿部肌肉的力量与速度；通过钻爬、翻滚等体育活动，能够锻炼幼儿身体的协调性和灵活性。

（二）培养幼儿良好的个性品质

体育活动不仅可以锻炼幼儿的身体，还可以锻炼幼儿的大脑。《运动改造大脑》一书的作者约翰·瑞迪是哈佛大学医学院临床副教授，他用严谨的精神科学论证了运动可以改造大脑，改造心智与智商，使大脑处于最佳状态，让你更自信、更勇敢、更积极。运动能刺激脑干，提供能量，还能调节脑内神经递质，改变既定的自我概念，稳定情绪，增强学习力。当幼儿面临一些挑战和挫折时，经常参加体育活动的幼儿更多地表现出自信、意志坚强、不惧困难、积极勇敢。因此，幼儿园体育活动能够培养幼儿良好的个性品质。

同时，体育活动也会促进幼儿人际关系的发展。如，在“小兔子钻山洞”的体育活动中，幼儿需要遵守规则，学会轮流和等待等；在“送蛋宝宝回家”的活动中，幼儿学会与他人合作与竞争等。这些会迁移到幼儿的人际交往中，促进幼儿社会性的发展。

（三）促进幼儿心理健康发展

体育活动是有益于身心健康的活动，长期坚持体育锻炼，不仅可以强身健体，还可以让幼儿体验到快乐的情感，促进其身心和谐发展。研究表明，体育活动可以提高人的自信心和独立性，促进形成稳定的情绪和良好的心境，并能有效地降低抑郁、紧张和焦虑等情绪。

幼儿积极参加体育活动有助于幼儿的心理健康。因此，教师在创设体育活动时，要从幼儿的年龄特点和认知特点出发，通过有趣的游戏提高幼儿对体育活动的兴趣和对幼儿体育活动的美好体验。通过体育活动，让幼儿产生积极的情绪，从而促进幼儿的心理健康发展。

第二节　幼儿体育活动与幼儿健康

世界卫生组织对健康做出了这样的定义：健康是一种在身体上和精神上的完美状态以及良好的适应力，而不仅仅是没有疾病和衰弱的状态。由此可见，一个人的健康不仅仅是指身体健康，还包括心理健康和良好的适应能力。幼儿体育活动是增进幼儿健康的有效方法。体育活动是手段，幼儿健康是目的。通过科学合理的体育活动，能够达到促进幼儿健康发展的目的。

一、体育活动能促进幼儿身体健康发展

（一）促进幼儿动作的发展

人类动作的发展遵循一定的规律，幼儿动作发展的原则是：从头到尾、从大到小。“从头到尾”指的是先发展头部运作，再发展上肢动作，最后发展下肢动作，如幼儿的运作发展顺序是抬头、翻身、坐、爬、站、走等；“从大到小”指的是人类的动作分为大肌肉动作和小肌肉动作，幼儿先发展大肌肉动作，如走、跑、跳、投掷等，后发展小肌肉动作，如书写、使用筷子、捏细小物体等。幼儿大动作发展时间见表 1-6。

表 1-6　幼儿大动作发展时间

顺序	动作	年龄
1	俯卧抬头，头离开床面	2 个月
2	从仰卧自行翻到侧卧	5.5 个月
3	独坐	7 个月
4	用手和膝盖往前爬行	9 个月
5	自己独站片刻	11 个月
6	独立走路、弯腰捡东西	15 个月
7	双手同时离地跳	24 个月

许多研究表明，幼儿动作发展水平与其参与体育活动的程度密切相关。即经常参与体育活动的幼儿，其动作发展水平较高；反之，动作发展相对落后的幼儿，更

加不愿意参加体育活动，如此形成恶性循环。因此，家长从婴儿一出生就要有意识地锻炼婴儿的动作。等孩子到了幼儿期，要通过有组织有计划的体育活动促进幼儿动作的发展。如，一些比较传统的游戏“跳房子”“跳皮筋”等，促进了幼儿跳跃动作的发展；深受孩子们喜爱的体育活动“一网不捞鱼”，促进了幼儿钻爬动作的发展。

（二）促进幼儿体能的发展

体能是通过力量、速度、耐力、协调、柔韧、灵敏等运动素质表现出来的人体基本的运动能力。体育活动是锻炼幼儿体能最有效的途径。良好体能的发展对幼儿的肌肉、骨骼、器官、系统的发育，以及动作的协调灵活都起到了积极的促进作用。由于幼儿的生长发育还不完全，骨骼还没有发育完善，肌肉的力量和耐力都不够，因此，在进行体能训练时，不能操之过急，不能追求准确度和难度，不能进行技能和技巧的练习，否则容易引起幼儿骨骼变形，对身体造成伤害。

（三）促进幼儿身体素质的发展

幼儿身体素质通常是指幼儿在活动中所表现出来的速度、力量、耐力、平衡以及柔韧等方面的能力。生命在于运动，体育活动在人们的生活中具有重要的作用，通过体育活动可以提高幼儿的身体素质。

速度一般包括位移速度、动作速度和反应速度。如体育活动“老狼老狼几点了”，锻炼的就是幼儿的位移速度和反应速度。力量指身体某些肌肉收缩时产生的力量。结合幼儿的身体发育特点，幼儿的骨骼发育还不完善，肌肉容易疲劳。因此，不宜进行长时间的力量训练。幼儿园可以结合幼儿的年龄特点和身体状况，合理安排内容多样化的力量练习，把力量训练融入游戏中，以寓教于乐的方式更能激发幼儿对体育活动的兴趣。耐力是指幼儿长时间进行肌肉活动和抵抗疲劳的能力，如远足活动、晨跑活动等都有利于培养幼儿的耐力，但是幼儿不适合进行负重的耐力训练。幼儿的前庭平衡能力还没有发育完善，因此可以通过各种活动来锻炼幼儿对身体的控制能力，如走平衡木、荡秋千、轮滑等，从而促进幼儿平衡能力的发展。

二、体育活动能促进幼儿心理健康发展

（一）培养幼儿良好的意志品质

意志品质包括坚持性、自制力以及勇敢、坚韧等。意志坚强的幼儿能够不惧困难、迎难而上、勇于接受挑战，而意志薄弱的幼儿容易退缩逃避、消极气馁、半途而废。因此，我们需要通过体育活动培养和锻炼幼儿积极的意志品质。如通过参加具有挑战性的体育活动，锻炼幼儿的抗挫折能力，锻炼幼儿坚忍的意志品质；通过

跨越障碍等有一定难度的体育活动，锻炼幼儿勇敢的意志品质；让幼儿在参加体育活动中，通过自觉遵守规则，锻炼幼儿的自制力等。

（二）促进幼儿产生积极的情绪

情绪分为积极的情绪和消极的情绪。积极的情绪有利于幼儿注意力集中、记忆牢固和思维敏捷，并提高幼儿身体的免疫力。积极的情绪常常伴随着微笑的表情和友好的肢体动作，对幼儿的人际交往起到促进作用。消极的情绪则使幼儿注意力难以集中、感知迟钝，造成免疫系统功能障碍。消极的情绪表现如冷漠的表情、不良的肢体语言等，不利于幼儿的人际交往。

科学合理的体育活动能够促进幼儿产生积极的情绪体验。幼儿经常参加体育活动，可以使心情愉悦、精神舒畅、充满活力，有助于消除紧张、焦虑等负面情绪。

三、体育活动能促进幼儿适应能力的发展

（一）促进幼儿适应环境的能力

《规程》规定，幼儿园应制定合理的幼儿一日生活作息制度，幼儿户外活动时间每天不得少于两小时。户外活动对幼儿具有重要性。体育活动大多是在户外进行的，户外体育活动不仅能锻炼幼儿对外界温度的适应能力，还能增强幼儿的抵抗力。经常参加户外体育活动的幼儿，能够很好地适应夏季的酷暑和冬季的严寒。即使在过渡季节，身体也能很好地适应，很少生病。反之，有些家长过度保护幼儿，怕孩子被风吹或被太阳晒，很少带孩子外出活动，这些孩子就像温室里的花朵，天气稍微有点变化就会引发呼吸道疾病。由于抵抗力低下，这些孩子上了幼儿园之后，也很容易被别的孩子传染，三天两头生病、缺勤。

因此，幼儿园要严格按照《规程》的指示，科学合理安排幼儿的户外活动时间和内容。通过户外体育活动锻炼幼儿对环境的适应能力，增强幼儿的抵抗力，培养“生龙活虎”的孩子。

（二）促进幼儿适应社会的能力

经常参加体育活动的孩子，其合作意识、竞争意识和交往能力都会得到提高。如在“接力跑”活动中，幼儿为了取得胜利，就会想办法与同伴加强合作，为了共同的目标而努力。如果最终取得了胜利，就会激发幼儿强大的成就动机，让幼儿更加自信，不惧困难，迎接挑战。通过经常参加体育活动，幼儿能够正确地认识自己和他人，增强社会适应能力。

经常参加体育活动还可以促进幼儿人际关系的健康与和谐发展。体育活动经常

是以团体或小组的形式进行的。在活动中，幼儿需要遵守规则，与其他人沟通、交流。幼儿通过体育活动增进了对同伴的了解，与小伙伴产生共同兴趣和话题。因此，体育活动提供了交往机会，幼儿会交到更多的朋友，从而建立良好的人际关系，促进社会适应能力的发展。

【小资料】　每天户外活动两小时，能有效预防近视

相关调查研究显示，2018 年中国儿童青少年总体近视率为 53.6%。近年来，越来越多的幼儿园小朋友也戴上了近视眼镜，近视的发病呈低龄化趋势。

除遗传因素外，导致儿童近视的因素有两个：一是近距离用眼时间过长；二是缺少户外活动及自然光线的照射。

专家表示，预防近视主要是在户外暴露，跟是否运动无关，跟光照有关。所以，想要预防近视，儿童每天至少要在户外暴露两个小时，可以不运动，只要人在室外，就算户外活动。不要求连续两个小时，也可以是一天累计暴露两个小时，就可以达到预防近视的目的。

户外光是动态光，室内基本是静态光。动态光意味着眼睛始终在调节、在运动；户外，还意味着更多的远眺，也能使眼睛得到调节。建议儿童每天不少于两小时的户外活动，远离电子产品。推荐预防近视的运动项目，如打乒乓球、放风筝和跑步等。

本章小结

本章阐述了幼儿体育活动的基本理论知识。幼儿体育活动是遵循幼儿身心生长发育的规律，以增强幼儿体质、增进幼儿健康为目的，通过游戏等快乐的方式来激发和保持幼儿参与体育活动的兴趣，促进幼儿身心健康和谐发展的一系列教育活动。掌握幼儿体育活动的目标，理解幼儿体育活动的意义，是开展幼儿体育活动的理论依据。理解幼儿体育与幼儿健康的关系，形成全面的健康观，从而科学合理地指导幼儿体育活动的开展。

实训内容

1. 观察一名幼儿的户外活动情况，对照幼儿体育活动的目标，分析此幼儿的身体素质发展情况。

2. 到幼儿园观察一项幼儿体育活动，分析此活动促进了幼儿哪些动作的发展。

3. 小组讨论，根据幼儿身体发育的特点，讨论哪些体育活动适合幼儿、哪些体育活动不适合幼儿。

同步练习

1. 名词解释“幼儿体育活动”。
2. 简述幼儿体育活动的目标。
3. 阐述幼儿体育活动对幼儿发展的意义。
4. 举例说明幼儿动作发展的规律。
5. 阐述幼儿体育活动与幼儿健康的关系。
6. 案例分析：

冬天到了，某幼儿园教师觉得孩子户外活动时间过长，担心孩子感冒，每天只带孩子围着操场绕一圈就回班了。结果，孩子们出现了注意力不集中、视力下降等问题，体质也越来越差了，因感冒发烧、咳嗽请假的孩子越来越多。你觉得这位幼儿园老师的做法有何不妥？为什么？

第二章　幼儿基本动作的发展

【学习目标】

- 掌握各基本动作的特点及要领。
- 理解各基本动作的内容。
- 了解各基本动作发展中的常见问题及优化策略。
- 熟知幼儿基本动作发展的价值。

【任务导入】

- 结合所学的理论知识，组织学生到幼儿园观察并总结儿童身心发展的特点及幼儿园体育活动的开展情况。
- 对幼儿园教师进行访谈，了解各年龄段幼儿基本动作的能力发展特点。
- 参加幼儿园体育活动，在游戏中体验其重要性，提高学生体育游戏的组织能力。
- 在了解幼儿身心发展特点的基础上，能针对幼儿的基本动作及能力发展特点设计体育活动。

第一节　幼儿走步动作的发展

走步也称行走，是人类最基本、最自然的移动方式，也是幼儿基本动作发展的内容之一。《指南》中明确指出幼儿园要开展丰富多样、适合幼儿年龄特点的各种身体活动，如走、跑、跳、攀、爬等，鼓励幼儿坚持下来，不怕累。日常生活中鼓励幼儿多走路、少坐车。由此可见走步动作发展的重要性。

一、幼儿走步动作发展的价值

幼儿园阶段是幼儿走步能力发展和身体姿态形成的关键期，养成正确的走路姿势，能有效地促进幼儿身体发育，提高幼儿身体机能和活动能力，对幼儿身心发展具有重要意义。

经常步行或进行一定距离的行走，能有效地锻炼幼儿下肢部位的肌肉、骨骼、关节和韧带，提高身体机能和活动能力。如跨过低矮障碍物走，能增强幼儿腿部肌肉的力量，发展平衡能力；高举手臂走，能增强幼儿背部、腹部、臀部肌肉的力量，发展其平衡、协调能力等。

养成正确的走路姿势，形成良好的身体姿态，能大大增强幼儿自信心，为幼儿更好适应社会生活、促进其心理健康发展奠定基础。在走步动作训练过程中，幼儿完成活动目标，对其形成积极的性格品质能起到重要的推动作用，如远足走能提高幼儿的耐力素质。

二、各年龄段幼儿走步能力发展特点

（一）3～4 岁幼儿走步能力发展特点

3～4 岁幼儿走步时步幅较小，速度不均匀，蹬地力量弱而不均，落地较重，节奏感差，由于两脚力量不均匀，脚间距宽，导致身体左右摇晃，往往走不成直线。在排队的时候，3～4 岁幼儿由于注意力分散，容易受外界事物的干扰而东张西望，时常会走出队伍。

（二）4～5 岁幼儿走步能力发展特点

4～5 岁幼儿走步时步幅已经稳定，动作也较平稳，已逐渐形成自己的走步节奏。在教师的引导下，幼儿排队走步时已能随节拍走，但节奏感不强，调节节奏的能力较差。

（三）5～6岁幼儿走步能力发展特点

5～6岁幼儿走步时动作比较协调，轻松自然而且平稳有力，已初步形成个人走步的特点。在排队走步时已能初步按信号节奏调节步幅、步频，并能初步控制走步的速度。

三、幼儿走步动作的基本要求

（一）动作自然放松

走步时身体自然放松，躯干正直，头正，脚尖正，自然挺胸，眼平视前方。走步时两臂放松，以肩为轴随步幅前后自然摆动，避免同手同脚现象，向前摆臂时肘关节稍曲。

幼儿走步

（二）节奏合理、稳定

走步时步幅、步频合理稳定，两脚落地要轻，重心要稳，依次交替移动，不擦地，脚尖向前，避免“内八字步”或“外八字步”。

（三）重心稳定，距离适中

重心不上下或左右移动，集体走步时，学会与前后保持适宜的距离，以免造成踩踏。

四、幼儿走步练习的主要内容

每个年龄段幼儿身心发展水平不同，走步动作能力的发展也不同。随着幼儿年龄的增长，走步动作能力也逐渐提高，动作难度呈递增趋势。各年龄段幼儿走步练习可参考表2-1所示内容。

表2-1　各年龄段幼儿走步练习内容

3～4岁（小班）	4～5岁（中班）	5～6岁（大班）
1. 听信号向指定方向走； 2. 一个跟着一个走； 3. 在指定范围内散开走； 4. 推、拉着小物体走； 5. 沿直线、曲线走； 6. 走坡度较低的斜坡； 7. 能在较窄的低矮物体上行走一段距离； 8. 能行走1公里左右	1. 听信号有节奏地走； 2. 听信号变换速度、方向走； 3. 简单队列走； 4. 高举手臂走； 5. 持轻物走； 6. 各种形式的合作走； 7. 能在较窄的低矮物体上平稳地行走一段距离； 8. 能连续行走1.5公里左右	1. 听信号按要求走； 2. 一对、一对整齐地走； 3. 推、拉重物走； 4. 迈大步走、上下坡走、倒退走； 5. 迅速变队走； 6. 螺旋队列走； 7. 能在斜坡、荡桥和有一定间隔的物体上较平稳地行走； 8. 能连续行走1.5公里以上

五、幼儿走步动作发展中的常见问题及优化策略

（一）幼儿走步动作发展中的常见问题

（1）走步问题在小班幼儿当中出现较多，中班和大班的幼儿会有明显好转。小班幼儿开始走步时动作不自如也不协调，最初他们是用两手保持身体平衡，两臂不能自然摆动。有的幼儿走路或跑步时膝关节有些弯曲，两腿伸不直，有时还拖地，上下肢配合不协调，易摔跤。

（2）幼儿走步时，注意力分散现象比较严重，不能保持目视前方，容易被周围事物吸引。

（3）教师对幼儿走步动作的发展重视度不够，缺乏科学的指导策略。很多教师认为，幼儿走步动作是自然形成的，不需要进行指导。在日常教学过程中，教师更重视其他基本动作的发展，不易发现幼儿走步动作的不协调现象。部分教师发现幼儿走路不协调时，不知道该用什么方法去帮助幼儿纠正不正确走姿，缺乏相应的科学指导策略。

（二）幼儿走步动作发展的优化策略

（1）日常走步时，教师可以采用示范法，帮助幼儿掌握走步的正确姿势。示范者可以是幼儿，也可以是教师。在进行示范时，可以边讲解边示范，要求讲解语通俗易懂，动作标准。

（2）体育活动中，采用游戏化教学模式，激发幼儿参与的兴趣，使其在游戏中愉悦地锻炼身体。如模仿小猫，走步轻轻，可以在游戏中改善幼儿走步声音重、拖地的不良现象。单调重复地训练幼儿走步能力，不仅不能促进幼儿的走步能力的发展，还会扼杀幼儿对体育活动的兴趣，不利于幼儿的身心发展。

（3）教师要善于利用一日活动中的每个环节，对幼儿进行走步锻炼。如午饭后的散步活动，可引导幼儿一个跟着一个，沿着操场上的标志线进行有目的的走步，既能培养幼儿的专注力，提高身体控制能力，还能帮助幼儿养成良好的排队行走常规。

（4）教师要从自身出发，提升专业素养，加强理论学习，熟悉掌握各年龄段幼儿动作的发展特点。日常教学中，要善于观察幼儿活动行为，重视培养走步的正确姿势，及时发现问题，采取应对措施。缺乏经验的教师多向经验丰富的教师学习，逐渐积累经验，注重理论与实践的结合，多实践，多反思，多总结。

案例

1. 活动名称：小小送货员（适合 3～4 岁幼儿）

2. 活动目标

（1）能在较窄的低矮平衡木上行走一段距离。

（2）喜欢参加体育活动，大胆尝试，在活动中获得快乐并具有成就感。

3. 活动准备

空旷场地，小狗、小鸡、小兔、小牛图案，篮子若干，平衡木，音乐《水果拳》。

4. 活动过程

（1）故事导入。

引导语：秋天到了，熊奶奶的果园里的水果丰收了，有红色的苹果、绿色的梨子、橙色的橘子等。熊奶奶想把水果送给河对面的邻居们，但是熊奶奶年纪大了，走路不方便，想请送货员帮忙，你们愿意扮演送货员帮助她吗？

（2）介绍游戏路线及规则。

引导语：你想给哪个小动物送水果？我们怎样才能过河呢？

（3）请个别幼儿尝试走平衡木。

引导语：走平衡木时需要注意什么？

（4）幼儿扮演小小送货员送水果。

（5）放松活动：师生共同整理器械。

第二节　幼儿跑步动作的发展

跑步是人们日常生活中最基本的活动技能，是锻炼身体的有效手段，也是幼儿园开展最广泛的体育活动内容之一。自然慢跑时，速度比较柔缓，而快速跑、四散追逐跑时的速度变化比较剧烈。跑步也是一种以有氧代谢为主的体育活动，锻炼强度大于走步。

一、幼儿跑步能力发展的价值

跑步运动对于幼儿腿部肌肉和骨骼生长有促进作用，在幼儿园阶段的跑步活动，不仅是发展速度和耐力的手段，也是发展身体平衡能力和灵敏性的重要内容。通过参加跑步运动能逐渐提高幼儿的运动能力和反应速度，使其身体协调性得到不断发展，同时还能培养幼儿的耐力。在跑步活动中，幼儿能体验到跑步运动带来的成就感，获得与同伴共同运动的快乐。

二、各年龄段幼儿跑步能力发展特点

（一）3～4岁（小班）幼儿跑步能力发展特点

3～4岁幼儿跑步时，步幅较小，速度不均匀，蹬地力量弱，落地较重，两脚力量不均匀。控制方向的能力较差，稍有碰撞或地面不平整时容易摔倒，而且往往跑不成直线。

（二）4～5岁（中班）幼儿跑步能力发展特点

4～5岁幼儿跑步动作和能力发展迅速，耐力和速度明显进步，步幅已较稳定，动作也较平稳，在排队跑步时已能随节拍走。

（三）5～6岁（大班）幼儿跑步能力发展特点

5～6岁幼儿，已能逐步掌握跑步的基本特点。跑步时轻松、有节律、动作较协调，腾空阶段较为明显，步幅增大，控制跑步的能力显著提高，在跑步时，转身、停、躲闪都比较灵活。幼儿跑步时动作灵活性、协调性和躲闪能力明显提高，已能初步调节跑步的速度。

三、幼儿跑步动作的基本要求

（1）上体正直稍前倾，头正，脚尖正，自然挺胸，眼平视前方。

（2）两手握空心拳，肩要平，曲肘于体侧，前后自然摆动，摆臂力量要比“走”大。

（3）腿向后用力蹬地，蹬腿后要放松，腾空后要伸腿，向前摆腿方向正，幅度大，膝放松。

（4）落地时前脚掌先着地，脚尖向前，动作要轻而柔。

（5）跑时上身要前倾，跑圆圈时上身要微向圆心倾斜；用鼻子呼吸或鼻子吸、口呼，自然而有节奏。

（6）集体跑步时，学会保持前后适宜的距离。

四、幼儿跑步的分类及各年龄段跑步的内容

（一）跑步的分类

跑步可分为短跑、中长跑、长跑等，动作形式主要有短距离直线跑、侧身跑、跑跳步、圆圈跑、往返跑、追逐跑、躲闪跑、接力跑、持物跑、后退跑、后踢腿跑、模仿跑等。

（二）幼儿跑步练习的主要内容

每个年龄段幼儿的身心发展水平不同，跑步动作能力的发展也不同。随着幼儿年龄的增长，跑步动作能力逐渐提高，动作难度呈递增趋势。各年龄段幼儿跑步练习可参考表 2－2 所示内容。

表 2－2　各年龄段幼儿跑步练习内容

3～4 岁（小班）	4～5 岁（中班）	5～6 岁（大班）
1. 沿场地周围变换方向跑； 2. 听信号向指定方向跑； 3. 圆圈跑； 4. 慢跑和快走交替 100 米； 5. 在指定范围内四散跑； 6. 绕障碍跑	1. 一路纵队变换方向； 2. 跑步中听信号做规定动作； 3. 快速跑 10～20 米； 4. 曲线跑； 5. 慢跑和快走交替 100～200 米； 6. 在一定范围内四散追逐跑； 7. 在窄道上跑、接力跑	1. 听信号变速跑或改变方向跑，跑动中听信号做规定动作； 2. 快速跑 20～30 米； 3. 慢跑和快走交替 200～300 米； 4. 四散追逐跑，躲闪跑

五、幼儿跑步动作发展中的常见问题及优化策略

（一）幼儿跑步动作发展中的常见问题

（1）跑步姿势不正确。由于身体协调性发展不完善，幼儿在跑步时会出现步伐不均匀、落地重、直臂摆动等现象，导致身体左右横摆，重心不稳。

（2）跑步时呼吸方式不正确。幼儿跑步时会出现张开嘴巴呼吸的现象，容易造成口舌干燥，灰尘和冷空气刺激咽喉，引起咳嗽和气管炎。

（3）教师组织跑步活动时容易忽视热身运动。当孩子在进行跑步运动时，部分教师认为这是一种无目的、自发性的活动，忽略活动前要进行充分的热身运动，易造成幼儿肌肉拉伤和关节受损。

（二）幼儿跑步动作发展的优化策略

（1）教师示范正确的跑步姿势，引导幼儿掌握正确的跑步技巧，通过语言提醒幼儿跑步时眼睛看前方，手臂微屈，自然摆动，身体不左右摇晃。

（2）指导幼儿养成正确的呼吸方式。跑步时要用鼻子呼吸，如果用鼻子呼吸不能满足身体的需要时，可稍微张开嘴唇，轻咬牙，舌尖卷起，让空气从牙缝中进入气管内。

（3）带领幼儿进行充分的热身与拉伸运动。幼儿跑步之前，要进行充分的热身运动，重点活动腿部、脚踝、膝盖等部位，跑步后再进行放松运动，进行热身和放松可以避免幼儿运动损伤的情况。

（4）手腕、手肘和头部的擦伤是跑步过程中最常见的损伤，跑步前提醒幼儿务

必注意安全。比如，跑步时眼睛要向前看，避开人群和障碍物，以免互相碰撞、跌伤。教师要教给幼儿一些卫生常识及跑步的技能技巧，逐步让他们学会科学的跑步方法。如果幼儿跑步时有疼痛的感觉，需要第一时间告诉老师。

案例

1. 活动名称：小动物赛跑（适合5～6岁幼儿）

2. 活动目标

（1）巩固跑步的正确姿势，训练跑步的速度。

（2）能开动脑筋，运用多种方法练习跑步。

（3）培养机智、勇敢、遵守纪律的品质。

3. 活动准备

空旷场地，幼儿人手一张报纸，欢快音乐。

4. 活动过程

（1）开始部分。

1）幼儿入场，做准备活动。

幼儿手拿卷好的报纸，在音乐声中有精神地入场。

2）准备活动：活动身体。

幼儿在教师的带领下，手拿卷好的报纸，听着音乐有节奏地、有精神地活动身体。

（2）基本部分。

1）教师打开报纸，启发幼儿边想边尝试：不用手帮忙怎样才能让报纸贴在胸前而不掉下来。让幼儿自由分散地活动。

2）请幼儿集中，谈谈尝试的结果。得出结论：把报纸贴在胸口，快速地跑。

3）第二次尝试将报纸贴在胸前往前跑，试跑几次，让幼儿得出结论：跑得越快，纸贴得越紧，越不容易掉。

4）幼儿再次自由尝试数次。

5）以竞赛的形式进行，发展幼儿快速奔跑及躲闪的能力。

（3）结束部分。

教师带领幼儿做“大笑”“大哭”的表情，以放松肌体和情绪，对幼儿活动情况做简单评价。幼儿在音乐声中走步回教室。

第三节　幼儿跳跃动作的发展

跳跃是指人运用自身的能力或借助器材，通过一定的运动形态，使人体腾起一定的高度或远度。跳跃动作是幼儿掌握较早的一项动作技能，也是幼儿喜欢的体育活动之一，它丰富多样、简单易行、健身效果好。

一、幼儿跳跃动作发展的价值

跳跃动作是锻炼幼儿身体的一种有效手段，具有独特的实用价值。幼儿时期是跳跃技能发展的重要时期，在幼儿园阶段开展跳跃活动，可以增强幼儿的腿部肌肉力量，发展弹跳力、爆发力，提高身体的灵敏性和协调性，对促进其身心发展大有益处。此外，幼儿跳跃时目光要随着运动方向的改变而变化，会极大地促进幼儿视觉运动能力的发展。

二、各年龄段幼儿跳跃能力发展特点

（一）3～4 岁（小班）幼儿跳跃能力

3～4 岁幼儿由于腿部力量弱，身体协调能力差，跳跃时距离较短，高度较低，速度不均匀，落地较重，两脚力量不均匀，控制方向的能力和平衡能力较差，很难按照标记的直线或曲线跳跃，稍有碰撞或地面不平整则容易摔倒。

（二）4～5 岁（中班）幼儿跳跃能力

4～5 岁幼儿随着腿部力量及身体协调能力的提高，跳跃能力发展迅速，耐力和速度明显进步，能坚持跳跃一段时间和距离。跳跃过程中，动作较平稳，能沿直线或曲线跳跃前进。

（三）5～6 岁（大班）幼儿跳跃能力

5～6 岁幼儿跳跃动作比较协调，平稳有力，落地声音较轻，动作的灵活性、协调性以及在跳跃过程中的躲闪能力明显提高，在教师的指导下能掌握多种形式的跳跃。

三、幼儿跳跃向前动作的基本要求

向前跳跃动作包括预备、起跳、腾空和落地 4 个阶段。

（一）预备阶段

预备阶段包括原地预备和助跑预备两种形式。原地预备动作为两脚自然分开，

屈膝半蹲，体前屈，两臂向后摆。助跑预备动作要求中速、短距离、自然放松，起跳前不减速。

（二）起跳阶段

起跳包括单脚起跳和双脚起跳两种形式。单脚起跳时，起跳腿要用力蹬地，摆动腿快速向起跳的方向前后摆动；双脚起跳动作是在两臂由后向前上方摆动时，两脚掌用力蹬地，臂摆起，身体前送，腿蹬直向前跳起，蹬摆动作要尽量快。

（三）腾空阶段

腾空阶段身体保持平衡，腾空不能歪，不要过早收起起跳腿，不要低头。

（四）落地阶段

落地阶段有单脚落地和双脚落地两种形式。双脚落地，脚跟着地，屈膝半蹲缓冲，上体前倾，两臂自然放下，落地动作要轻，保持平衡。单脚落地常出现在跨跳的落地阶段，单脚落地时要继续向前跑几步，屈膝缓冲。

四、幼儿跳跃的分类及各年龄段跳跃的内容

（一）跳跃的分类

跳跃动作的形式丰富多样，可分为单脚跳、双脚跳、纵跳、侧跳、立定跳远、助跑跨跳、行进向前跳、从高处往下跳等。在此跳跃形式的基础上还衍生出夹包跳、纵跳触物、双脚连续向前跳、单脚连续向前跳等。

（二）各年龄段跳跃练习的主要内容

每个年龄段幼儿身心的发展水平不同，跳跃动作能力的发展也不同。随着幼儿年龄的增长，跳跃动作能力逐渐提高，动作难度呈递增趋势。各年龄段幼儿跳跃练习内容具体可参考表 2-3 所示内容。

表 2-3　各年龄段幼儿跳跃练习内容

3～4 岁（小班）	4～5 岁（中班）	5～6 岁（大班）
1. 身体平稳地原地纵跳，落地平稳，双脚力量均匀； 2. 身体平稳地双脚连续向前跳； 3. 单脚连续向前跳 2 米左右； 4. 能从 15～25 厘米的高处向下跳	1. 原地纵跳触物，物体距指尖 15～20 厘米； 2. 沿直线或曲线，双脚连续向前跳； 3. 单脚连续向前跳 5 米左右； 4. 能从 25～30 厘米的高处向下跳； 5. 助跑跨跳过一定距离或一定高度的物体；	1. 原地纵跳触物，物体距指尖 20～25 厘米； 2. 单脚连续向前跳 8 米左右； 3. 能从 30～35 厘米的高处向下跳； 4. 助跑跳过大于 50 厘米的平行线； 5. 立定跳远不少于 95 厘米；

续表

3～4岁（小班）	4～5岁（中班）	5～6岁（大班）
	6. 立定跳远不少于75厘米； 7. 能双膝夹沙包跳、双脚在直线两侧行进跳	6. 能单脚折线连续跳、变换方向跳、转身跳跃、夹沙包跳、跳绳、跳皮筋等

五、幼儿跳跃动作发展中的常见问题及优化策略

（一）幼儿跳跃动作发展中的常见问题

（1）幼儿在跳跃时，两脚或双腿蹬伸不充分，也不会摆臂助跳，易出现起跳高度或远度不够的现象。

（2）幼儿双脚蹬地时用力不均匀，向上屈大腿时会向后屈小腿，双脚落地不同时。

（3）幼儿双脚落地时不会屈膝缓冲，落地重。

（4）教师教学时只注意摆臂动作，忽视腿的蹬地或蹬摆动作。

（二）幼儿跳跃动作发展的优化策略

（1）教师要给幼儿示范跳跃的标准动作，练习时用语言提醒幼儿“腿蹬直”“向上跳”，通过纵跳摸高等游戏，增强摆臂练习，增加起跳的高度和远度。

（2）可通过游戏练习双脚夹物跳、双脚向前或向上跳的动作，增加双脚的力度和协调性，如夹沙包跳、小兔蹦蹦跳、袋鼠跳跳等游戏。

（3）跳跃的重点是起跳和落地，引导幼儿正确起跳和落地，提醒幼儿身体自然放松，轻松地跳，不要太用力；落地时用语言提醒幼儿“膝盖弯曲”，并且落地后不要立即停下来，还要继续向前跑几步。

（4）起跳的重点是腿和脚的蹬地动作，教师在教学前加强幼儿双腿和脚蹬伸方面的练习，如做立定跳远、小猴摘桃等游戏。

跳跃活动前，选择适宜的活动场地，避免在坚硬或坑坑洼洼的路面活动，以保障幼儿的安全。跳跃动作耗能大、爆发力强，因此游戏前的热身运动和游戏后的放松运动非常有必要，教师可根据幼儿的年龄特点，在情景中进行热身与放松运动，避免活动时损伤幼儿的肌肉和关节。

案例

1. 活动名称：小袋鼠采果子（适合3～4岁幼儿）

2. 活动目标

（1）在跳袋里肢体能协调地向前跳。

（2）初步具有规则意识，在老师的指导下能按规则进行游戏。

（3）喜欢参加体育活动，在活动中获得乐趣和成就感。

3. 活动准备

空旷平整的塑胶地面，跳袋若干，纸球若干，篮子 6 个，音乐《快乐小袋鼠》。

4. 活动过程

（1）角色导入，激发幼儿兴趣。

提示语：小袋鼠们，你们饿了吗？今天袋鼠妈妈要带你们去采果子，采果子之前，我们要先做一下热身运动，防止我们的身体在采果子的时候受损伤。

（2）师生共同做热身运动。

在老师的引导下，幼儿活动脚踝、膝盖、腿部、胳膊等部位。

（3）讲述跳跃动作要领及跳袋的使用方法。

提示语：你们知道袋鼠是怎样走路的吗？采果子之前我们要先学会一项新的本领——袋鼠跳：我们先把双脚放进跳袋里，两只手拎起跳袋的耳朵，然后一跳一跳往前进，你学会了吗？

（4）请个别幼儿做示范。

（5）讲解游戏规则。

提示语：小袋鼠一次只能采一个果子，采到果子后，把它放到篮子里，再去采下一个果子，直到我们把所有的果子全部采完，就可以回家吃果子啦！

（6）播放音乐，幼儿扮演小袋鼠开始做游戏，教师个别指导。

提示语：小袋鼠们，去采果子咯！要注意安全哦！

（7）活动小结，放松运动。

提示语：你在采果子的时候遇到了哪些困难？怎么解决的呢？采果子还要注意什么？

师生在音乐中放松手、脚、胳膊、腿。

（8）师生共同整理材料。

中班体育游戏：小猴采果子

第四节　幼儿投掷动作的发展

投掷是指人们通过一定的运动形式，尽可能地将手持器物投（或推、抛、掷）一定距离的动作。投掷和跑步、跳跃一样都是比较实用的技能，也是深受幼儿喜爱的一项体育活动。投掷的内容较多、结构复杂，在幼儿园阶段，投掷活动内容还包括抛、接、传、递等内容。

一、幼儿投掷动作发展的价值

投掷动作具有较高的体育锻炼价值，幼儿通过多种形式的投掷游戏活动，可以增强上肢、腰、腹、背等部位的肌肉力量，提高上肢各关节的柔韧性和协调性，促进骨骼的发育，有效提高目测能力和判断能力。在幼儿园阶段，幼儿运用各种不同类型器械进行投掷能力的锻炼，不仅能激发对投掷练习的兴趣，还可以锻炼小肌肉群。

二、各年龄段幼儿投掷能力发展特点

（一）3～4岁（小班）幼儿投掷能力

3～4岁幼儿投掷时身体各部位不协调，不太会挥臂，投掷出手的角度和投掷的方向掌握不好，动作不够协调，多余动作多，力量小，不精确，容易忽左忽右、忽上忽下。3～4岁幼儿肌肉力量弱，投掷距离较近。他们已能初步掌握双手头上、双手腹前、原地肩上等的投掷动作。

（二）4～5岁（中班）幼儿投掷能力

4～5岁幼儿投掷能力有了较好的发展，逐步学会挥臂、甩腕等动作，全身能够较协调地用力，投掷距离比在小班时有所增加，投掷出手的角度和投掷的方向的准确度明显提高，但出手的角度仍偏小，投掷方向不稳定。他们已掌握正面肩上单手，双手头上、胸前、腹前等投掷动作，其中肩投动作已能够掌握蹬地、转体、挥臂动作。

（三）5～6岁（大班）幼儿投掷能力

5～6岁幼儿投掷能力发展得较快，投掷动作协调而且有力，投掷距离和投准明显提高。男女幼儿投掷能力有明显的差异，男孩比女孩投掷能力要强一些。他们已初步掌握侧向肩上投掷、花样拍球、传接球、走动拍球、侧面站立肩上投掷等技能。经常练习投掷的幼儿，动作比较协调有力，准确性和动作连贯性还欠缺。

三、幼儿投掷动作的基本要求

（一）投掷的分类

根据动作用力方法的不同，投掷可分为挥掷类、推掷类、拍球和接球类。投掷动作形式主要有：单手肩上投掷、单手低手投掷、双手腹前投掷、双手头上投掷、双手胸前投掷等。

（1）挥掷类包括肩上投掷、肩侧投掷、一手下方投掷、双手头上投掷。

（2）推掷类包括胸前传球，单、双手将球推至指定目标等。

（3）拍球分为原地拍球和行进间拍球两种。

（4）接球动作根据球空间的运动特点可分为接地滚球和空中来球。空中来球又可分为高于胸部和低于胸部两种。

（二）正确投掷的动作要领

（1）挥掷类和推掷类动作结构主要是由预备姿势和用力两个阶段组成。预备姿势要求拉长投掷时用力的肌肉和增加用力的距离。

（2）拍球的动作结构主要是拍球姿势和拍球动作两部分。具体方法是：两脚自然站立，腿稍弯曲，上体稍前倾，拍球时手和肘自然微曲，五指自然分开，手心向下，用手臂、手腕和手指力量拍球。原地拍球时，拍球点应在球的上方；行进拍球时，拍球点应在球的后上方。

（3）接球的动作要求是：1）要根据来球方向主动迎球；2）接球要有正确的手形；3）接球后要注意自然曲肘缓冲。

四、幼儿投掷练习的主要内容

每个年龄段幼儿的身心发展水平不同，投掷动作能力的发展也不同。随着幼儿年龄的增长，投掷动作能力逐渐提高，动作难度呈递增趋势。各年龄段幼儿投掷练习可参考表 2－4 所示内容。

表 2－4　各年龄段幼儿投掷练习内容

内容		3～4 岁（小班）	4～5 岁（中班）	5～6 岁（大班）
滚接球		互相滚接大皮球	互相滚接物品	互相滚接物品
抛接球		—	自抛自接低球、高球（头以下为低球，头以上为高球），两人近距离用双手相互抛接大球	—
传递		—	传递物品	传递物品
肩投	投远	—	练习肩上挥臂投物（如小皮球）	肩上挥臂投远
	投准	—	—	肩上挥臂投准（距离 3 米左右，标靶直径 60 厘米左右）
拍球	原地	学拍皮球	左右手拍球	原地变换形式拍球（如转一周再拍）
	行进间	—	—	边走边拍球，边跑边拍球

五、幼儿投掷动作发展中的常见问题及优化策略

（一）幼儿投掷动作发展中的常见问题

（1）幼儿对挥臂、甩腕、投掷的时机把握不准确，不能很好地控制投掷或接物的方向、速度和力度，如接球时眨眼，常常出现球漏掉或打着胸部的情况，看着球飞走不知道去主动“找”球。

（2）投掷时腰腿不能协调用力，出手角度不好，投掷物过高或过低；不能大臂带动小臂，出现直臂甩出现象。

（3）幼儿投掷时只用臂力，没有充分利用腿的蹬伸力量。

（二）幼儿投掷动作发展的优化策略

（1）教师在教幼儿做投掷运动时，要遵循循序渐进的原则，如投掷物由轻到重、投掷距离由近及远，目标由大到小、由静到动逐步提高难度；接抛球动作应从近距离抛球开始，待幼儿初步掌握接球的手形后，再逐步增加远度和变化落球点，尽可能投准、投远。可利用抛接沙包、套圈等游戏进行练习，看谁抛得多、套得准。

（2）指导幼儿多进行伸直手臂甩小臂、用力向前挥臂以及投掷一定高度的横线、悬挂物等练习，如练习挥甩彩带、投掷纸飞机、投球过绳等，从而熟练掌握大臂带动小臂的技能和控制出手的角度。投掷动作还应做到均衡发展，尽量做到左右手都练、都投。

（3）教师进行分解示范动作，首先教会幼儿掌握投掷动作的顺序，即屈膝下蹲→蹬地→转体→挥臂，先做分解动作，再做连贯动作，提醒幼儿注意身体前倾、重心前移。

投掷是一种顺畅的完整动作，无论哪一环节出现问题，都会破坏动作的协调性和连贯性，掌握技能是关键。投掷还应特别注意对幼儿进行投掷物性能和投掷场地秩序等安全因素的认知教育和安全意识、安全行为的养成教育。

案例

1. 活动名称：飞镖运动员（适合4～6岁幼儿）

2. 活动目标

（1）积极参与游戏活动，并感受到游戏带来的快乐。

（2）练习肩上挥臂向斜上方投掷。

（3）上肢的力量得到锻炼，身体的协调性得到发展。

3. 活动准备

（1）画有同心圆的镖盘若干个。

（2）飞镖若干个（数量为幼儿人数的一半）。

（3）将镖盘贴在墙上，高度比幼儿的头部高 20 厘米左右。

距离墙壁 2 米左右的地方画一条投掷线。

4. 游戏玩法

（1）游戏开始，请幼儿分成两排站在投掷线后，面向镖盘站好。

（2）第一排的幼儿手持飞镖，向镖盘方向用肩上挥臂的动作投出飞镖，投完站到第二排幼儿的后面。

（3）第二排的幼儿听教师的指令捡回飞镖，站到投掷线后，向镖盘投掷。

（4）游戏循环进行。教师可以随时根据幼儿投掷的动作进行示范、讲解或个别指导。

5. 游戏规则

幼儿要在听到教师的指令后捡回飞镖。

6. 指导建议

（1）投掷线与墙壁的距离可以根据幼儿投掷的情况进行适当调整。

（2）镖盘和飞镖头部的制作材料可以选择粘扣，以便飞镖投掷到镖盘上的时候可以粘住。

（3）游戏中，幼儿是否能击中镖盘并不重要，镖盘的使用是为了引导幼儿将飞镖向斜上方投出。

第五节 幼儿钻爬动作的发展

钻爬是幼儿喜爱的一种体育运动，也是幼儿园体育活动的基本动作之一。钻爬能力是幼儿日常生活中较实用的一种身体技能，也是锻炼幼儿身体的有效手段。爬是幼儿最先学会的身体移动技能，虽然学会站立行走后，其使用频率降低，但在幼儿园阶段他们依然喜欢钻爬运动。

一、幼儿钻爬动作发展的价值

钻的动作可以增强幼儿腰背、腿部力量的发展，爬的动作可以增强四肢、背部、腹部力量的发展。钻爬活动可以促进幼儿四肢和躯干主要大肌肉群的均衡发育，增强幼儿四肢肌肉力量以及背肌力、腹肌力量，提高幼儿动作的灵敏性、柔韧性、平衡能力和协调能力，培养幼儿勇敢、坚强的意志品质。同时，钻爬活动有助于培养幼儿的空间概念，使其从新的角度去观察环境。幼儿在钻爬的过程中，需要全身各个部位的协调运作，需要手、脚、眼及身体的综合配合，对促进身体发育有很大的好处。钻爬动作的技能练习还能使幼儿进行环境探索，满足其好奇心理。

二、各年龄段幼儿钻爬能力发展特点

（一）3～4 岁（小班）幼儿钻爬能力

（1）3～4 岁幼儿已基本掌握正面钻的要领，但在钻的过程中不能较好地做屈腿、弯腰和紧身的动作。

（2）3～4 岁幼儿已能熟练掌握手膝着地爬，动作协调、自然，但爬过障碍物时手脚着地爬的动作不太灵活。

（二）4～5 岁（中班）幼儿钻爬能力

（1）4～5 岁幼儿能熟练掌握正面钻的动作，初步学会侧面钻，但两腿屈伸动作略显笨拙。

（2）4～5 岁幼儿能熟练掌握多种爬的方式，如手膝着地爬、手脚着地爬、爬过障碍物时动作比较协调、自然，并能手脚合作爬攀登架、云梯、网等。

（三）5～6 岁（大班）幼儿钻爬能力

（1）5～6 岁幼儿已基本掌握各种钻的动作，能自发地弯腰，能比较灵敏、协调、准确地钻过障碍物。

（2）5～6 岁幼儿已能挑战动作难度较大的各种爬的动作，如匍匐爬等多种钻爬方式。

三、幼儿钻爬动作的基本要求

（一）正面钻

面向障碍物，低头、屈膝下蹲、紧缩身体，两脚交替向前移动，从障碍物下面钻过。

（二）侧面钻

侧对障碍物，低头、屈膝下蹲，一侧腿向障碍物下伸出，低头弯腰，然后屈伸出腿，重心前移同时转体通过障碍物。

（三）手膝爬

手膝着地，头稍抬起，眼向前看，左（右）手和右（左）膝协调配合用力向前行。

（四）手脚爬

双手撑地，两腿稍屈膝，头稍抬起，眼向前看，左（右）手和右（左）脚协调配合用力向前爬行。

（五）匍匐爬

预备时，腹部贴垫面，屈回左腿，伸出右手，用左脚内侧的蹬力和右手的扒力使身体前移，在移动的同时，屈回右腿，伸出左手，用右脚内侧的蹬力和左手的扒力使身体继续前移，依次交替前进。

（六）侧身爬

以右侧为例，身体的右侧着垫，右手臂屈时小臂支撑在垫上，左手放在左侧腿上或者左手撑在胸前的垫子上，两腿屈膝，前进时以右手臂和左腿、脚蹬地同时用力。

四、幼儿各年龄段钻爬的内容

每个年龄段幼儿身心发展水平不同，钻爬动作能力的发展也不同。随着幼儿年龄的增长，钻爬动作能力逐渐提高，动作难度呈递增趋势。各年龄段幼儿钻爬练习可参考表 2－5 所示内容。

表 2－5 各年龄段幼儿钻爬练习内容

内容	3～4 岁（小班）	4～5 岁（中班）	5～6 岁（大班）
钻	正面钻	1. 侧身钻； 2. 钻不同形状的“洞”	快速灵活钻各种“洞”
爬	1. 自由地爬； 2. 手膝爬； 3. 爬障碍物	1. 匍匐爬； 2. 手脚爬； 3. 横着爬	1. 钻爬； 2. 转圈爬； 3. 仰卧爬

五、幼儿钻爬动作发展中的常见问题及优化策略

（一）幼儿钻爬发展中的常见问题

（1）幼儿在钻爬时，容易出现背部弓得太高、即将通过时身体抬起过早等错误动作。而且，他们动作较僵硬，双腿不弯曲，手脚协调性差，易出现顾头不顾尾现象。同时，幼儿在早期做钻爬活动时，常有怕碰着、怕摔下来的心理，在离障碍还较远时，就低头、弯腰，攀登时精神、肌肉紧张。

（2）在日常户外活动中，有的老师对幼儿的钻爬活动认识不够全面，认为进行钻爬活动，只有钻拱形门、爬垫子等，内容、形式单一，再加上对幼儿分组不当，导致幼儿兴趣度较低，不符合幼儿的心理需求。另外，在组织钻爬活动中，老师在

注重幼儿良好的心理发展方面还不够全面，易忽视幼儿害怕、胆怯等情绪。

（二）幼儿钻爬发展的优化策略

（1）钻、爬时四肢和躯干肌肉负荷较大，对于力量的增强和灵活性的提高有很好的作用。在活动时宜与跑跳等动作结合起来，既可提高幼儿的活动兴趣，又可调节运动负荷，避免因身体肩部疲劳，导致身体受损。如传统游戏“猫捉老鼠”“钻山洞”等，就是在游戏中把钻与跑的动作结合起来。

（2）教师示范正确的动作，也可请动作比较标准、规范的幼儿示范。幼儿钻爬时，教师可用手轻扶其头后部或背部，帮助幼儿掌握动作要领。教师要充分利用语言，在活动中提醒幼儿注意事项；分解动作速度放慢，结合游戏多次练习，帮助幼儿体会动作要领。

（3）教师在组织活动时，一方面要注意幼儿的安全，给予适当的保护和帮助；另一方面要通过动作示范和语言提示等方法增强幼儿的信心和勇气。

（4）钻爬活动需要器械做辅助，在有限的条件下，教师应学会利用身边的材料，动手制作器械或采用替代物，充分发掘器械的不同价值，如梯子斜放时可练攀爬，架起时可练钻。

案例

（一）活动

1. 活动名称：小小蜗牛（适合3～4岁幼儿）

2. 活动目标

（1）通过在多种器械上的爬行练习，感知手膝着地爬的正确用力方法。

（2）体验在不同障碍物上进行手膝着地爬的快乐。

3. 活动准备

（1）前期经验：幼儿观察过蜗牛，知道蜗牛身上背着一个大大的壳。

（2）每人一个有双肩背带的大靠垫、一棵结满果子的果树，音乐《小蜗牛爬呀爬》。

（3）草地四边分别提供软垫，20厘米高的小桥、有上下坡的小坡道、高2厘米的“S”形较窄的弯道。

（4）场地安排：场地四周分别放置各种材料，玩游戏时在小桥与坡道之间放入果树。

4. 活动过程

（1）热身活动。

幼儿四散站开，教师以游戏口吻引导幼儿做开飞机—转呼啦圈—学游泳—学青蛙跳等动作。

(2) 玩靠垫。

出示靠垫，引导幼儿一物多玩。如头顶靠垫走，保持平衡；将靠垫拼放在一起，在上面滚；抛接靠垫等。

(3) 探索尝试。

1) 教师创设游戏情景，介绍活动场地和器械。

(将靠垫背在肩上) 教师："蜗牛宝宝，妈妈今天很想带你们出去摘果子，但是要经过软软的草地，还有小山坡、高高的小桥、弯弯曲曲的山路，你们能行吗？我们先来试一试吧！"

2) 幼儿自由尝试在各种器械上练习手膝着地爬，教师进行指导，并保护幼儿的安全。

3) 个别幼儿示范在不同条件下的手膝着地爬动作。

教师："有的蜗牛宝宝过小山、过小桥、走山路时爬得可稳啦，我们一起来看一看他是怎么爬的。"请个别幼儿在集体面前示范动作，并集体学一学。

教师小结：上山时要多用力，下山时要慢一些，小手多用力，过小桥时一定要稳一些，不要着急。

4) 幼儿再次练习在各种器械上手膝着地爬，教师帮助个别能力弱的幼儿。

(二) 游戏

(1) 介绍游戏：蜗牛宝宝的本领真大！看，前面就是果树林，快来帮助妈妈摘果子吧！我们要爬过草地、走过小桥、翻过小山，顺着山路去摘果子，宝宝们一定要注意安全哦！

(2) 游戏在音乐的伴随下循环进行两三次。幼儿沿着场地有序地练习在各种器械上手膝着地爬，最后到果树前摘一个果子放进妈妈的篮子中，然后再次开始下一轮的游戏。

(三) 活动

1. 活动名称：火车钻隧道 (适合 5～6 岁幼儿)

2. 活动目标

(1) 开火车通过不同难度的隧道，发展合作钻爬能力。

(2) 能与同伴动作协调地通过障碍，体验游戏的快乐。

3. 活动准备

音乐、竹梯、凳子、彩带等。

4. 活动过程

（1）热身活动。

边念儿歌边活动身体。小火车，跑得慢，一二三，跑得快，三二一，左跑跑，一二三，右跑跑，三二一，跑到很多地方去旅游。呜呜呜——，我们火车开到长城脚下，我们一起来登一登，一二三。呜呜呜——，我们火车开到了大海边，我们来游游泳吧，一二三。呜呜呜——，我们变成一列长长的火车，呜呜呜——，火车到站了。

（2）基本活动。

1）钻爬凳子。

提示语：试试看，你们能通过这些隧道吗？（自由尝试钻爬过凳子）

你们能开着小火车通过这些隧道吗？（以小火车形式钻爬过凳子）

过隧道要注意些什么呢？

小结：开火车要注意安全，头和身体要低一些才不会撞到隧道。

2）钻爬垂吊彩带。

提示语：你们能开着小火车通过这些隧道吗？试试吧。（以小火车形式钻爬过垂吊彩带）

小火车怎样才能又快又好地钻爬过隧道呢？

小结：小火车的眼睛要看着前面的小火车，不能太近也不能太远，距离如果太近，要撞车的，不安全，如果太远，时间就浪费了。

3）爬梯子。

提示语：让小火车试试能不能通过这些隧道吧！（以小火车形式钻爬过梯子）

你们是怎么通过这些隧道的？

小结：要想通过这些狭窄的竹梯通道，需要收缩身体才能顺利地通过。

（3）放松活动：幼儿整理材料，开小火车回家。

第六节　幼儿平衡动作的发展

平衡能力直接影响着运动能力、劳动能力、生活能力等其他活动能力的发展。平衡能力一般可分为动态平衡能力和静态平衡能力两种，幼儿园平衡能力练习以动态平衡能力为主，静态平衡能力为辅，动静结合。

一、幼儿平衡能力发展的价值

幼儿早期平衡能力差，活动时易摔倒，在幼儿园进行平衡锻炼能够促进平衡器官的发育，提高幼儿在各种运动中的平衡能力及自我保护能力，培养其勇敢、自信、顽强的意志品质，为其完成复杂多样的动作奠定基础。

二、各年龄段幼儿平衡能力发展特点

（一）3～4岁（小班）幼儿平衡能力

3～4岁幼儿已经具有一定的平衡能力，在速度较慢，无其他干扰（障碍、分散注意物）的走、跑运动时，基本能保持身体平衡；在两条直线中间或平衡木上走时，显得全身紧张，不自主地低头看脚下，身体会出现摇晃，并伴有多余动作；在快跑、转弯、急停、跳跃等身体运动速度产生急剧变化时，或者地面不平、有障碍物时，平衡能力较弱，易摔倒。

（二）4～5岁（中班）幼儿平衡能力

4～5岁幼儿随着力量、灵敏度和协调性的提高，平衡能力有较大的发展，能在10～15厘米宽、30～45厘米高的平衡木上走、跑、跳、跨越等，低头耸肩的现象明显好转；在快跑、转弯、从高处跳落时能保持平衡，不易摔倒。

（三）5～6岁（大班）幼儿平衡能力

5～6岁幼儿经过系统教学能在平衡木上做复杂的动作，例如边走边运球、跳绳、滚翻等，此阶段幼儿能够掌握像滑冰、骑两轮自行车、踩高跷等对平衡能力要求较高的运动技能。

三、幼儿平衡动作的基本要求

（1）上体正直，头正颈直，眼看前下方。

（2）身体不左右摇晃，保持稳定。

（3）两臂自然摆动或侧平举以维持平衡，上下肢协调，步子小且均匀，动作自然放松，脚尖外转落地准。

（4）旋转动作时的上体都要求直，两臂自然伸开，帮助旋转和维持平衡，双臂也可以叉腰或上举。

（5）单脚站立时，支撑脚全脚掌着地，膝部要用力绷直，上体正直，另一脚离地面，腿自然弯曲。

四、幼儿平衡练习的内容

每个年龄段幼儿身心发展水平不同，平衡动作能力的发展也不同。随着幼儿年龄的增长，平衡动作能力逐渐提高，动作难度呈递增趋势。各年龄段幼儿平衡练习可参考表2－6所示内容。

表2－6　各年龄段幼儿平衡练习内容

<table>
<tr><th>内容</th><th>3～4岁（小班）</th><th>4～5岁（中班）</th><th>5～6岁（大班）</th></tr>
<tr><td>窄道移动</td><td>1. 在宽25厘米以内的平行线中间走；
2. 在15～20厘米的斜坡上走上、走下</td><td>1. 在宽15～20厘米平行线中间走；
2. 在高20～30厘米，宽15～20厘米的平衡木上走</td><td>1. 在有间隔物体（砖、模板、硬纸等）上走；
2. 在离地面高30～40厘米，宽15～20厘米的平衡木上变换手臂动作，如叉腰、侧平举、前平举、上举向前走等</td></tr>
<tr><td>旋转</td><td rowspan="3">—</td><td>原地转1～3圈</td><td>两臂侧平举、闭目、足起旋转（5圈左右）</td></tr>
<tr><td>闭目行走</td><td>闭目向前5～10步</td><td>两臂侧平举，单脚站立5～10秒</td></tr>
<tr><td>其他</td><td>—</td><td>踩高跷、对推等</td></tr>
</table>

注：《纲要》中对各年龄段的要求——小班幼儿身体不左右摇晃；中班幼儿上体正直，上下肢协调；大班幼儿身体正直，步子均匀，上下肢协调，动作自然。

五、幼儿平衡能力发展的常见问题及优化策略

（一）幼儿平衡能力发展中的常见问题

（1）幼儿单腿站立时，上体摇晃，腿弯曲。

（2）幼儿进行原地旋转时，上体歪斜晃动。

（3）在活动中，幼儿保持平衡状态的时间短，注意力易分散。

（4）平衡动作练习的形式单一，幼儿参与活动的兴趣不高。

（5）平衡动作难度大，幼儿不敢尝试。

（二）幼儿平衡能力发展的优化策略

（1）教师通过正确示范，引导幼儿单腿站立时，上体保持正直，支撑腿伸直，膝关节绷紧，注意力集中。可根据幼儿喜欢模仿小动物的心理特点，创设“大公鸡”游戏，练习单脚站立动作。

（2）针对幼儿旋转重心不稳的现象，可由教师牵着手练习，强调旋转时体正、头正、重心落于轴心脚上。当幼儿掌握基本动作时，再逐渐让其独立完成旋转动作。

（3）平衡练习强度虽然较小，但注意力和情绪负担较大，练习时可穿插一些轻松活泼的游戏。安排户外活动时，把平衡活动和运动负荷较大的跑、跳等活动组合在一起；在活动顺序上，应把平衡活动安排在精神较集中、体力较充沛、情绪较稳定时进行，不宜在剧烈活动后、情绪激动和身体疲劳时进行。

（4）借助器材，采用多种形式激发幼儿对平衡动作练习的兴趣，如在并排椅子上面走、走圆木、走斜坡、荡秋千、骑双轮车、坐跷跷板、平衡圆盘等。各类平衡练习，可以有多种变化形式，如窄道上的移动，“道”的宽窄、高低、平斜、曲直可

以变换，还可设置障碍；移动的方式可以走、跑，可以跳、转，也可负重物，或做各种附加动作，这既能引起幼儿的兴趣，又能调节难度。

（5）在活动中，要根据幼儿的年龄特点，创设不同层次的平衡练习活动。对于能力弱、胆小的幼儿，教师要多用语言、眼神进行鼓励，帮助幼儿克服畏惧心理，增强幼儿的自信心，培养勇敢、沉着的意志品质。

案例

（一）教学案例 A

1. 活动名称：不倒娃娃（尝试走平衡木）（适合 3～4 岁幼儿）

2. 活动目标

（1）尝试在平衡器械上走。提高身体的控制能力，发展平衡能力。

（2）克服胆怯心理，增强自信心。

3. 活动准备

（1）两个平衡木。

（2）在场地一端，画出一个能容纳所有幼儿站立的大圆圈，作为不倒娃娃的家。

4. 活动过程

（1）热身运动：教师带领幼儿充分活动身体各部位。

教师和幼儿一起边说儿歌边做相应的动作。儿歌：太阳眯眯笑（双手上举，分别向左、向右摆动），我们起得早（双臂屈肘于胸前，分别向左、向右做转体动作），伸伸臂、弯弯腰，蹲一蹲、跳一跳。

（2）做游戏“不倒娃娃”，提高身体的控制能力。

1）教师请幼儿一边说“不倒娃娃摇摇摇，摇来摇去倒不了”，一边张开双臂模仿不倒娃娃左摇右摆走路，当说到“倒不了”时，所有的幼儿原地停住，并做出单脚站立的动作。鼓励幼儿控制好自己的身体，尽量坚持单脚站立。教师可以根据大部分幼儿身体的平衡状况来控制停顿的时间。

2）反复几次后，教师发出“下雨了”的口令，不倒娃娃迅速跑回家（大圆圈）。游戏反复进行两三次后，教师提示幼儿单脚站立的同时可睁眼、闭眼，看看哪一种方式站的时间长，并根据幼儿的活动量调整“下雨”的频率。

（3）玩游戏“过小桥”，尝试在不同的平衡器械上走。

1）教师请幼儿扮演不倒娃娃，带领幼儿做单脚站立、原地旋转、倒走、闭眼向前走等平衡动作。

教师以妈妈的口吻引导幼儿走小桥：“今天我要带我的不倒娃娃走过小桥去山上玩。快来看一看，妈妈是怎样走过小桥的。”

2）教师为幼儿做示范，提示幼儿注意动作要领：双脚脚尖向前，两脚交换踩在桥的中间向前走，两臂侧平举保持身体平衡。

3）幼儿自主练习，教师根据幼儿的能力鼓励幼儿尝试在不同器械上走，走过小桥后跟教师一起做爬山等模拟动作。教师注意对个别幼儿给予具体的帮助，如拉着幼儿的手或跟在幼儿旁边，给幼儿以安全感，帮助或保护他走过平衡器械等。

（4）做放松活动，游戏结束。

（二）教学案例 B

1. 活动名称：好玩的平衡木（适合 5～6 岁幼儿）

2. 活动目标

（1）探索用平衡木来锻炼身体的方法，在平衡木上走、跑、跳、爬等。

（2）提高动作的协调性、灵敏度，培养运动中的合作能力。

3. 活动准备

平衡木 4 根，小动物图片 4 张：小鸟、乌龟等。

4. 活动过程

（1）热身运动“奶牛舞”。

教师：“今天天气不错，我们来跳跳舞吧!”

（2）自由探索玩平衡木的方法。

教师：(出示平衡木)“现在我们一起看看老师给你们带来了什么好玩的东西？平衡木可以怎么玩呢？我们一起来试试吧!”(幼儿自由在平衡木上玩各种各样的玩具)

（3）用平衡木来锻炼。

1）教师：“小朋友们，现在我们就在平衡木上锻炼身体，看谁的方法好，谁的方法多。”

2）幼儿独自或结伴尝试各种运动，如跳、走、跑、爬等。

3）教师观察指导，表扬方法好的幼儿，鼓励幼儿一起模仿并提醒幼儿注意安全。

（4）展示在平衡木上玩的方法。

在教师的带领下，全体幼儿一起大步走，并做鸟飞、乌龟爬等动作。

（5）竞赛游戏“小乌龟运粮食”。

教师：“小朋友，我们一起来帮助小乌龟运粮食吧。”出示图片让幼儿模仿走平衡木。

（6）整理各种材料，离开运动场地。

教师：“你们帮助了小乌龟运粮食，它们可高兴了，现在我们开着小火车一起到活动室休息一下吧!”

第七节　幼儿支撑动作的发展

幼儿经常会自然地运用到支撑动作，如幼儿在爬的过程中用双手或双臂支撑起头部、颈部和身体，往前或往左右移动。幼儿从用膝盖和手臂来支持身体爬行，到使用腿支撑身体站立和行走，再到用胳膊或腿支持身体形成更复杂的身体运动或身体动作，都是支撑动作的重要体现。

一、幼儿支撑动作发展的价值

支撑动作有助于幼儿四肢肌肉和腰腹部力量的发展，特别是上肢和肩部肌肉、韧带的力量，促进其双臂肌肉力量的平衡发展，同时增强身体平衡能力、协调度和柔韧性。在游戏或生活情境中进行支撑运动锻炼，能有效地发展幼儿各部位的能力，使各部位肌肉、韧带均得到发展。

二、各年龄段幼儿支撑能力发展特点

（一）3～4 岁（小班）幼儿支撑能力

3～4 岁幼儿四肢力量还很弱，身体平衡性较差，可以进行简单的支撑，如双手支撑、手膝支撑等。

（二）4～5 岁（中班）幼儿支撑能力

4～5 岁幼儿四肢较有力，可以掌握手肘支撑、交换支撑和手脚支撑等动作，能通过支撑作用完成向前、向后、侧面爬和手脚着地爬、匍匐爬等动作。

（三）5～6 岁（大班）幼儿支撑能力

5～6 岁幼儿身体协调性、平衡性及四肢力量较中班时提高很多，可以掌握双手臂支撑，如身体腾空双手臂撑双杠，还可以通过支撑完成一些高难度的动作。

三、幼儿支撑的基本要求

做支撑动作时，支撑部位在力的作用下形成支撑面或支撑点，周围肌肉收紧发力，身体保持平衡。手脚支撑时，两臂间距稍宽于肩，两臂伸直或屈臂，两腿并拢，脚尖着地，腰部、臀部收紧，支撑起整个身体。

四、幼儿支撑的分类及各年龄段支撑的内容

（一）支撑的分类

支撑从运动形态上可以分为静态支撑和动态支撑。静态支撑主要练习上肢和腹

部的力量，可以作为动态支撑练习的辅助动作。动态支撑可增强上肢和腹部力量，提高身体的协调性。爬行是一种很好的动态支撑，可以练习手脚配合，如手脚爬、匍匐爬、蜘蛛爬，或按照不同方位向前爬、侧身爬和向后爬。

支撑动作形式主要有低支撑、低支撑移动、高支撑、高支撑移动、支撑摆动、短暂倒立、支撑跳跃、侧手翻等。

（二）各年龄段支撑的内容

每个年龄段的幼儿身心发展水平不同，支撑能力的发展也不同。随着幼儿年龄的增长，支撑能力逐渐提高，动作难度呈递增趋势。各年龄段幼儿支撑练习可参考表2－7所示内容。

表2－7　各年龄段幼儿支撑练习内容

3～4岁（小班）	4～5岁（中班）	5～6岁（大班）
双手支撑，如手膝爬	1. 双手支撑，如手脚爬； 2. 手肘支撑，如匍匐爬； 3. 交换支撑，如匍匐爬、向前或向后爬	1. 高支撑，如杠上支撑； 2. 高支撑移动，双臂支撑身体爬行

五、幼儿支撑动作发展中的常见问题及优化策略

（一）幼儿支撑动作发展中的常见问题

（1）幼儿支撑能力发展水平差异较大。支撑动作的发展，很大程度上受幼儿的体重和上肢力量的影响，个体差异较大。在组织支撑活动时，易出现游戏内容、器械较单一，不能满足不同幼儿的发展需求，能力强的幼儿认为没挑战，能力弱幼儿的认为太难了，使得他们对支撑游戏失去兴趣。

（2）教师对幼儿支撑动作发展了解较少。大部分教师对支撑动作了解较少，造成其组织相关练习、游戏活动也少，没有一定的知识储备和经验准备，也没有给孩子足够的心理铺垫，导致很多孩子不愿意去尝试支撑动作。

（二）幼儿支撑动作发展的优化策略

（1）由于幼儿身体发展不同，能力也有所不同，活动中既要关注幼儿整体性，又要注重个别差异，循序渐进，由易到难，切勿揠苗助长。同时，教师在组织活动时，要充分利用各种器材，创设合理有趣的情境，设置符合幼儿发展水平的不同难度的游戏，激发幼儿活动的乐趣和积极性。

（2）教师在组织活动前，要熟练掌握支撑动作的要领，必要时做分解动作示范，同时要注重观察幼儿的心理状况，多给孩子进行语言鼓励，帮助其克服恐惧心理。在完成高难度支撑动作时，要确保周围场地的安全，做好防护措施。

案例

1. 活动名称：保护气球（适合 5～6 岁幼儿）

2. 活动目标

（1）能通过手臂等身体部位的支撑作用，保护气球不被压破，安全运达终点。

（2）敢于大胆挑战体育活动中的项目，培养坚强、自信、勇敢的品质。

3. 活动准备

（1）气球若干，两个拱形门，椅子若干，4 张桌子。

（2）背景音乐《皮卡丘之歌》。

4. 活动过程

（1）热身运动。

在背景音乐的伴随下，教师带领幼儿活动头、肩、手臂、腿、手脚等部位。

（2）探索气球的玩法。

提示语：气球可以怎么玩？

如果把气球固定在我们的肚子前面，你可以做哪些动作使气球不被弄破？

（3）介绍游戏规则。

提示语：今天有一个非常特别的任务，看到对面的气球了吗？只要你能穿过这些障碍，回来时将气球绑在肚子上，再穿过障碍回到起点，只要气球不破，这个气球就是你的了。谁敢挑战一下？

（4）个别幼儿尝试游戏，并分享经验。

提示语：你觉得走到哪里时比较困难？需要注意什么？

（5）幼儿参与游戏，教师进行观察指导。

（6）放松环节：师生共同整理器械。

第八节　幼儿翻滚动作的发展

俗话说“三翻六坐”，3 个多月的婴儿已会翻身打滚，也就是翻滚。幼儿园阶段的孩子非常喜欢翻滚这项运动，也敢于尝试不同的翻滚形式。随着年龄的增长和动作的发展，他们逐渐学会向一侧连续翻滚、前翻滚和团身前后翻滚。前滚翻是一个难度系数比较高的动作，幼儿在练习时一定要在教师的帮助下完成，学习前翻滚动作前要做一定的辅助练习。

一、幼儿翻滚动作发展的价值

翻滚是幼儿身体灵活性的基础训练，幼儿翻滚动作练习，除了能增强身体素质，提高腰腹肌的力量外，还能帮助他们减少在激烈对抗下受伤的风险。幼儿生性好动，多种形式的翻滚可以提高他们参与体育活动的兴趣和积极性，是增强幼儿体能、提高专注力的训练法宝。

二、各年龄段幼儿翻滚能力发展特点

(1) 3～4 岁（小班）幼儿能初步掌握简单的翻身动作，但是一侧连续翻滚还不熟练，翻滚得较慢。

(2) 4～5 岁（中班）幼儿能进行两侧来回连续翻滚，但是在翻滚行进中易偏离原定路线。

(3) 5～6 岁（大班）幼儿逐步掌握各种翻滚动作，如侧身连续翻滚、团身翻滚，初步挑战前滚翻动作。

三、幼儿翻滚动作的基本要求

(1) 侧身翻滚动作是幼儿身体伸直平躺在垫子上，两臂紧贴住耳朵，或两臂交叉放于胸前，或两臂伸直放于体侧，翻滚时用脚的摆动来带动身体。侧翻滚是身体向左或向右直体翻滚。

(2) 前滚翻动作是幼儿双脚与肩同宽，下蹲，上体前屈，双手在身前扶垫做支撑，低头，下巴贴近胸口，抱腿团紧身，重心前移，双手推垫，双脚蹬地发力使身体前滚。注意翻滚时一定是头顶偏后的部位着地而不是前额着地，以免损伤脖颈。

幼儿园常以侧身翻滚为主，幼儿在熟练掌握侧身翻滚的动作后，在教师保护的前提下，幼儿可以尝试在一定坡度的斜面进行向下前滚翻的动作。

四、幼儿翻滚的分类及幼儿翻滚练习的内容

（一）翻滚的分类

翻滚根据幼儿身体差异程度可分为主动翻滚和被动翻滚，主动翻滚是幼儿自己翻滚身体，被动翻滚则是在滚筒中进行身体的翻滚，一般以主动翻滚为主。动作形式主要有侧身翻滚、团身前后翻滚、前滚翻。

(1) 侧身翻滚，可扫码观看。

侧身翻滚

（2）团身前后翻滚，可扫码观看。

团身前后翻滚

（3）前滚翻，可扫码观看。

前滚翻

（二）幼儿翻滚练习的内容

每个年龄段幼儿身心发展水平不同，翻滚动作能力的发展也不同。随着幼儿年龄的增长，翻滚动作能力逐渐提高，动作难度呈递增趋势。各年龄段幼儿翻滚练习可参考表 2－8 所示内容。

表 2－8　各年龄段幼儿翻滚练习内容

3～4 岁（小班）	4～5 岁（中班）	5～6 岁（大班）
各种自然翻滚	1. 团身前后翻滚； 2. 侧身翻滚	1. 团身左右翻滚； 2. 侧身翻滚； 3. 前滚翻

五、幼儿翻滚动作发展中的常见问题及优化策略

（一）幼儿翻滚动作发展中的常见问题

（1）幼儿生理发展水平所限，导致其对身体的控制性较差，翻滚的时候方向易偏。

（2）幼儿园阶段的幼儿，生理发展不成熟，其腰腹肌力量弱，有的孩子翻滚不起来。

（3）幼儿前滚翻时速度慢，团身不紧。

（二）幼儿翻滚动作发展的优化策略

（1）幼儿翻滚的时候方向易偏，当幼儿在体操垫上练习翻滚时，教师应在旁边进行帮助，防止其滚到垫子外面。在翻滚区设置明显的标志，提醒幼儿在翻滚过程中控制身体方向，注意动作的准确性和完整性。

（2）幼儿在进行翻滚动作练习时，前期可做关于腰腹肌力量的训练，通过“小飞机”“拉大锯”“悬垂摆”等游戏，提高腰腹肌力量，为做翻滚动作打下良好的基础。

（3）做前滚翻动作时，要提醒幼儿两臂支撑垫子的力量要均匀，头放正，身子要团紧，速度要快。前期可做适量的前滚翻辅助练习，例如：向后的手脚爬行，在爬行过程中低头向后看，以提高上肢的支撑能力。幼儿初次练习时，可以用力在斜坡上从上往下翻滚，降低动作完成的难度。在幼儿做前滚翻时教师要给予帮助，用一只手的手掌托住幼儿的颈部，另一只手托其臀部，注意保护其动作和姿势。

（4）要注重个体差异，根据幼儿身体素质及能力调整练习的难度，因人而异，因材施教。

案例

1. 活动名称：采蘑菇（适合 3～4 岁幼儿）

2. 活动目标

（1）能积极探索垫子的不同玩法，增强创造性的运动思维。

（2）初步掌握侧身翻滚的要领。

（3）培养团体合作精神，体验游戏的快乐。

3. 活动准备

大体操垫，蘑菇若干，滚筒，游戏场景及音乐。

4. 活动过程

（1）开始部分：师生共同在草地上和垫子上做热身操。

1）教师带领幼儿在草坪上做踏步、立正、稍息等动作。

2）教师带幼儿在垫子上做踏步、立正、稍息等动作。

（2）基本部分。

1）玩两块分开平铺的垫子。

- 探索在平铺垫子上各种爬的方法。
- 幼儿讨论商议后找出好玩的方法进行侧身翻滚动作练习。

小班体育游戏：
小兔采蘑菇

2）玩两块合在一起的垫子。

教师："刚刚我们小朋友是一个人过这个垫子的，现在老师请你跟你的好朋友两个人用侧身翻滚的方法来过这个垫子。"（教师示范，幼儿每人练习一次拉手侧身翻滚。）

● 幼儿探索各种玩法并交流、练习。

● 教师对两个拉着手侧身翻滚的幼儿进行表扬。

3）游戏：采蘑菇。

教师："我们今天学习了一个新的本领叫侧身翻滚，看！那边有一块蘑菇地，你们想去采蘑菇吗？"

教师："看，这是滚筒，请小朋友借助滚筒用刚刚学的侧身翻滚的方法过这条路，你们会不会？滚过去之后还有一条小溪，怎么过去呢？"（踩在石头上面）

总结："我们借助滚筒滚过去，再走过小溪去采一个蘑菇。谁来试一下？"

全体幼儿去采蘑菇。

（3）结束部分。

教师："你们都采到蘑菇了吗？"（采到了）"小朋友们真能干，我们一起来庆祝一下吧！"随音乐放松。

第九节　幼儿悬垂动作的发展

悬垂是一种静止动作，就是双手紧握单杠式的棒子，使身体腾空下垂，也是体操动作之一。它是利用身体的自重，最大限度地练习上肢肌肉力量的一个非常经典的动作。

一、幼儿悬垂能力发展的价值

悬垂动作不仅可以增强幼儿四肢、腹部、背部肌肉的力量和韧带的韧性，提高抓握力和耐力，提升新陈代谢速度，还可以培养幼儿勇敢、坚强的良好品质。同时，幼儿进行悬垂运动时，能很好地拉伸背部脊椎，避免驼背，还有利于骨骼的生长，促进幼儿的生长发育，也是一种帮助人体长高的有效方法。虽然悬垂动作深受幼儿喜爱，但是幼儿肌肉力量较弱，容易疲劳，练习时间不宜过长，尽量在自然状态下以游戏的形式进行练习。

二、各年龄段幼儿悬垂能力发展

（一）3～4 岁（小班）幼儿悬垂能力

3～4 岁幼儿上肢力量弱，特别是手的抓握能力较差，可以初步进行双手短暂悬挂，一般幼儿的悬垂时间可以达到 10 秒左右。基于幼儿身体发展情况，不建议经常练习，可以做一些悬垂的辅助练习，如前期可以练习手膝爬、手脚爬、投掷练习等，以增强上肢肌肉力量，提高灵活性，为以后学习悬垂做铺垫。

（二）4～5 岁（中班）幼儿悬垂能力

4～5 岁幼儿上肢力量得到发展，一般幼儿的悬垂时间可以达到 15 秒左右，可以进行双手单杠或双杠摆荡。

（三）5～6 岁（大班）幼儿悬垂能力

随着幼儿年龄的增长和动作的发展，5～6 岁幼儿能初步进行双手双杠向前移动或杠上翻动作，一般悬垂时间可以达到 20 秒左右。在普通的悬垂练习中可适当增加难度，例如：在单杠上练习悬垂时，可以左右移动，从单杠的一端移动到另一端；在练习腹部力量时可以做简单的悬垂卷腹练习。

三、幼儿悬垂的基本要求

双手虎口相对同时正握单杠或横木，保持掌心向前；两手距离与肩同宽，两臂伸直，身体自然下垂，呈悬垂状态，身体保持静止一段时间；落地动作要轻，屈膝缓冲，保持身体平衡。

四、幼儿悬垂的分类及各年龄段悬垂的内容

（一）悬垂的分类

悬垂时只用两只手横握杠杆，全身悬垂于器械下方的，称“单纯悬垂”，如单杠上的悬垂。手和身体的一部分同时悬垂于器械并接近地面的，称“混合悬垂”，如单挂膝悬垂、手脚悬垂、手膝悬垂。幼儿的悬垂动作一般是从混合悬垂开始的。悬垂动作形式有直体悬垂、屈腿悬垂、蹲悬垂、悬垂摆、屈臂悬垂、移动悬垂、混合悬垂等。

（二）悬垂的内容

每个年龄段幼儿身心发展水平不同，悬垂动作能力的发展也不同。随着幼儿年龄的增长，悬垂动作能力逐渐提高，动作难度呈递增趋势。各年龄段悬垂动作练习可参考表 2－9 所示内容。

表 2-9　各年龄段幼儿悬垂练习内容

3～4 岁（小班）	4～5 岁（中班）	5～6 岁（大班）
1. 双手抓杠悬垂； 2. 手膝悬垂； 3. 手脚悬垂	1. 蹲悬垂； 2. 直体悬垂； 3. 屈腿悬垂与摆动； 4. 屈臂悬垂	1. 单杠悬垂时，可以左右移动； 2. 可进行简单的悬垂卷腹； 3. 斜身悬垂，臂屈伸； 4. 屈腿悬垂与摆动； 5. 悬垂摆

五、幼儿悬垂能力发展中的常见问题及优化策略

（一）幼儿悬垂能力发展中的常见问题

（1）做悬垂运动时，幼儿手臂力量比较弱或双手抓握太紧，造成小臂受力过多，引起抓握不稳、身体过度晃动的现象，导致坚持时间较短。

（2）落地时失去重心，臀部着地，易造成幼儿身体受损。

（二）幼儿悬垂能力优化策略

（1）以游戏的方式，通过悬吊训练提升幼儿双手的握力，如双手抓握单杠，双手间距与肩同宽，手臂伸直，保持身体稳定，双脚向下伸直等。教师给予幼儿帮助和保护，双手轻轻握住幼儿的腰部稍微上提。可通过爬行练习、投掷练习等，增加幼儿上肢肌肉力量，提高上肢灵活性，也可通过比赛的形式激发幼儿的兴趣。

（2）教师示范正确动作，并用语言提醒幼儿“屈膝”“双脚落地”，平时可通过仰卧起坐来锻炼幼儿腹部力量。

在幼儿进行悬垂动作练习时，教师做好安全保护工作，避免发生伤害事故。根据幼儿的身心发展特点，循序渐进地练习，避免拉伸不当而导致肌肉、关节韧带受到损伤。悬垂练习结束后，教师应引导幼儿放松手、手臂肌肉，防止运动后肌肉酸痛。

案例

1. 活动名称：躲避大鳄鱼（适合 5～6 岁幼儿）

2. 活动目标

（1）能通过悬垂移动通过危险地段，躲避“大鳄鱼”。

（2）敢于大胆挑战体育活动中的项目，培养坚强、自信、勇敢的品质。

（3）在运动中能保护好自己，具备自我保护能力。

3. 活动准备

(1) 带有悬垂杆或手环的大型组合体育器械，鳄鱼头饰，背景音乐《大鳄鱼》。

(2) 幼儿会玩游戏“鳄鱼来了”。

4. 活动过程

(1) 热身运动：鳄鱼来了。

提示语：小朋友们，你们害怕鳄鱼吗？当鳄鱼来的时候你会怎么做？

今天我们就来玩一个好玩的游戏，叫“鳄鱼来了”。你们都知道鳄鱼来的时候，要跑走，为了跑得更快，跑之前我们要做一些热身运动，当你听到“鳄鱼来了”的时候，就要赶紧跑走！当鳄鱼离开的时候，我会吹一声口哨，你们再回到原点，准备好了吗？

(2) 介绍游戏规则、玩法。

提示语：你们喜欢吃橘子吗？老师把甜甜的橘子放在了终点，只要小朋友安全地完成任务，就可以拿到一个橘子。我们怎样才能到达终点？穿过这些器械的时候要注意什么呢？

小结：小朋友们说得都很好，但是有一个地方非常危险，时常会有鳄鱼出现，只要小朋友在地面上走动，很有可能会被下面的鳄鱼吃掉，我们要怎样安全过关呢？

(3) 请个别幼儿示范。

小结：小朋友非常勇敢，有鳄鱼的地方需要我们用悬垂的方式让身体离开那里，并通过不停地移动两只手，使我们的身体慢慢前移，这样鳄鱼就伤害不了我们了！

(4) 所有幼儿游戏，教师适时指导。

(5) 放松环节。

幼儿放松手臂、腿等部位。

(6) 小结：小朋友们今天非常勇敢，通过了这么危险的地方，而且活动中也没有受伤，老师为你们的表现点赞！

附：体育游戏：鳄鱼来了

游戏准备：一人扮演大鳄鱼，背景音乐《大鳄鱼》、空旷场地。

游戏玩法：音乐前半部分做点头、扩胸、踢腿、跳跃、拉伸等动作，当听到“鳄鱼来了”时，幼儿四散跑开，躲开鳄鱼的追赶。当鳄鱼离开，确认安全时，教师会通过口哨声来提醒幼儿，听到口哨声时，幼儿再跑回原点继续游戏。

本章小结

基本动作是学前儿童体育活动的主要内容之一，本章对走、跑、跳跃、投掷、钻爬、平衡、支撑、翻滚、悬垂等基本动作的发展特点、基本要求进行了概括，并针对幼儿动作练习中常见的问题提出指导策略。教师在组织体育活动时，应充分考虑幼儿动作发展的特点，丰富教学形式，让幼儿在快乐的游戏体验中发展基本动作，提高身体的协调性。

实训内容

1. 熟悉掌握各年龄段基本动作的发展特点。

2. 以小组为单位，设计一个关于幼儿跳跃的游戏方案，写出游戏玩法和规则，并进行试讲。

3. 小组讨论：教师可以通过哪些方式来发展幼儿的基本动作？组织时需要注意哪些问题？

同步练习

1. 简述幼儿走步锻炼的意义。

2. 幼儿向前跳跃动作包括哪几个阶段，具体怎么做？

3. 在组织幼儿钻爬时应注意什么？

第三章　幼儿体操

【学习目标】

- 了解幼儿体操的意义。
- 了解幼儿体操的基本类型、结构。
- 学习幼儿体操的基本动作。
- 掌握幼儿体操创编的原则与方法。
- 能根据幼儿的年龄特点及幼儿体操创编的原则创编适宜的幼儿体操。

【任务导入】

- 能够将音乐美与造型美有机地结合于幼儿体操的创编。
- 基本掌握幼儿体操创编的原则与步骤。
- 尝试创编多种类型幼儿体操。

第一节　幼儿体操概述

幼儿体操一般是指以基本体操为主要内容的体育活动形式，是幼儿园体育活动中一种不可或缺的组织形式，对增强幼儿体质，促进幼儿身心健康发展具有重要的作用和意义，也是深受幼儿喜欢的体育活动之一。

一、幼儿体操的概念

幼儿体操是以幼儿为主要对象，根据幼儿生理和心理特点，在音乐或歌谣的伴奏下，通过身体的头、颈、四肢、躯干等部位的协调配合，根据人体各部位运动的特点，有目的、有节奏地进行举、摆、绕、踢、屈伸、跳跃等一系列单一或组合动作的身体练习。幼儿通过基本体操训练可以改善其身体素质和反应能力，提高柔韧性、协调性、灵活性、独立性以及平衡能力，为今后的身心发展打下良好的基础。

二、幼儿体操的意义

幼儿体操能塑造匀称的体型和优美的姿态，促进幼儿身体的全面发展；能通过科学、合理的身体动作，增加幼儿对方位、动作节奏、速度的感受，提高幼儿的力量、柔韧性、协调度、平衡能力等运动素质；可以满足幼儿对美的需要，调动幼儿参加活动的积极性和主动性；能有效地培养幼儿的集体意识、协同意识和遵守秩序的优良品德。幼儿体操活动的开展对幼儿身心健康有着很重要的意义。

（一）生理学、卫生学角度

1. 体操活动是一种全身性的体育活动

体操活动是对幼儿进行身体各部位协调活动的锻炼，通过体操发展幼儿的基本动作具有很重要的意义。体操基本涵盖了走、跑、跳、钻、爬、平衡等几大基本动作，与体育活动中基本动作的学习相辅相成，通过体操的形式，让幼儿每天进行锻炼并逐步掌握，使其动作发展得更协调、更灵敏。

2. 促进幼儿良好身体形态的形成

体操活动能发展幼儿的大肌肉，提高力量与耐力，增加其身体的柔韧性，能够很好地促进幼儿良好身体形态的形成。

3. 体操活动能促进幼儿血液循环

体操活动能促进幼儿血液循环，增强对大脑的供氧，提高记忆力和思维能力，为认知活动准备良好的条件。

4. 增强幼儿各器官系统的功能

体操活动在增强幼儿各器官系统的功能方面也有很重要的作用，例如增强肺活量、强化心率，甚至对于幼儿消化系统的循环都具有重要的意义和作用。

（二）心理学、意志品质养成角度

1. 培养幼儿勇敢、顽强的意志品质和自信心

体操活动虽然是曲线进行、循序渐进的，但时间短、体量密度高、体能强度大。所以在这个过程中，会有些幼儿出现畏难情绪，不敢、不愿积极主动参加活动。在集体的力量下，通过体操的形式，可以逐步增强幼儿的意志力以及自信心。

2. 激发幼儿愉悦的情绪，促进自我个性发展

欢快的音乐节奏，符合幼儿年龄特点的操节、器械，都能够引起幼儿极大的兴趣，让幼儿的情绪从抑制状态转为兴奋状态，振奋精神，调动情绪，使幼儿有朝气、愉快地生活。这对其个性的发展、心理的正向发展都有积极的作用。

3. 培养幼儿乐群合作的群体意识

幼儿体操是一项集体性的活动，活动中队列队形的变化以及操节中相互配合的动作等环节，需要幼儿具有一定的合作意识，相互配合进行。所以，这对幼儿的社会性的培养也有着重要的作用。

4. 使幼儿从小养成锻炼身体的良好行为习惯

综上所述，幼儿的体操活动是以锻炼身体、提高机体的活动能力、培养良好的体育锻炼习惯为主要目的的一种重要的体育活动形式。体操中的体能锻炼、意志品质的培养以及对良好个性的影响等各方面，对幼儿的身心和谐发展都具有重要的作用和意义。

三、幼儿体操基本内容和特点

根据幼儿的特点，幼儿体操包括队形和队列、幼儿操节活动两个部分。

（一）队形和队列

在幼儿园的一日生活中，队形和队列练习占有一定的比例，在集体活动时基本上都需要队形和队列。队形和队列主要是指根据幼儿教师发出的指令，全体幼儿站

成一定的队形并协调一致地进行活动。队列练习是幼儿按照一定的队形，做协调一致的动作；队形练习是在队列基础上做各种队形的变化。

大班早操：热身运动部分与队列队形变化部分

1. 队列练习

（1）排队。

幼儿排队的主要内容有：排成一路纵队；排成两路（或四路）纵队；排成一列横队；站成半圆形或圆形；其他队列队形（“十”字形、“米”字形、放射形、螺旋走、蛇形走、开花走等）。

（2）队列动作。

队列动作的主要内容有原地队列动作和行进间队列动作。

原地队列动作：立正、稍息、向前看、两臂前平举向前看齐、手放下等；

行进间队列动作：原地踏步走、齐步走、跑步走、向左（右）转、向后转、左（右）转弯走、立定等。

2. 队形练习

队形练习的主要内容有：由一路纵队走成两路纵队或四路纵队（见图 3－1 和图 3－2）；一个跟着一个走成圆形（见图 3－3）；由一个圆形走成两个圆形；由早操方队变多个圆形队形（见图 3－4）；并队走（如由四路纵队走成两路纵队，或由两路纵队走成一路纵队），具体介绍如表 3－1 所示。

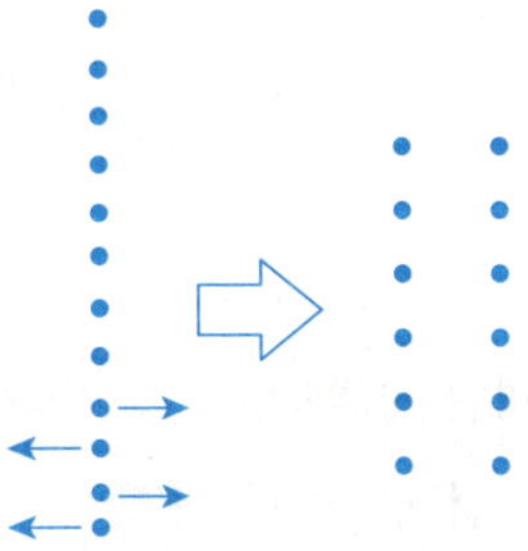

图 3－1　一路纵队变两路纵队（方法一）

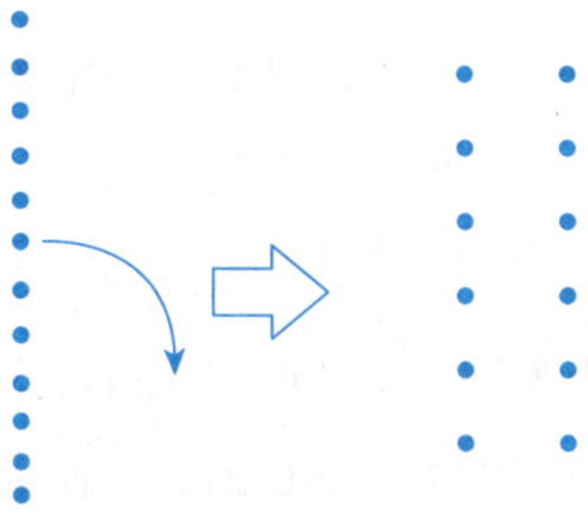

图 3－2　一路纵队变两路纵队（方法二）

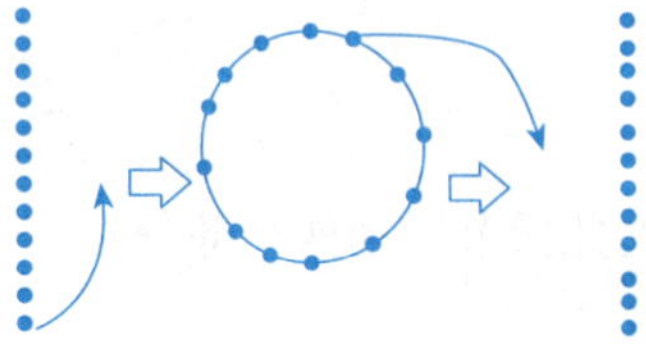

图 3－3　一路纵队变圆形，圆形变一路纵队

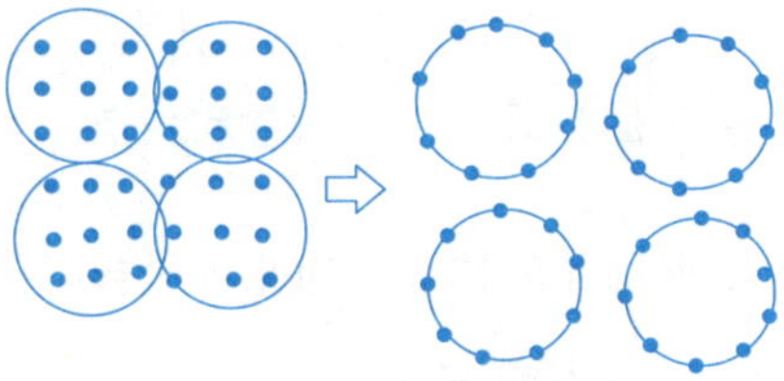

图 3－4　早操方队变多个圆形

表 3-1　幼儿园常见的队形队列

班级	内容	口令	教法要求	图形
中班	分队	分队—走	先排成一队，听口令，让幼儿报数，从排头开始单数左转弯走，双数右转弯走，最终分成方向相反的二路纵队。为了便于幼儿分队，可在场地分队处用箭头表明方向	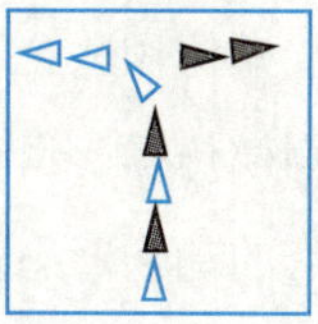
	合队	合队—走	两个一路纵队迎面相遇时下口令，听到口令后，相遇的两个队，在同一点上左路左转弯走，右路右转弯走，并依次进到对方的后面，成一路纵队行进	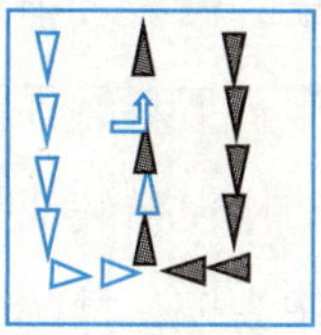
	并队	并队—走	两路纵队走近相遇时，下达口令，左路左转弯走，右路右转弯走，成二路纵队前进	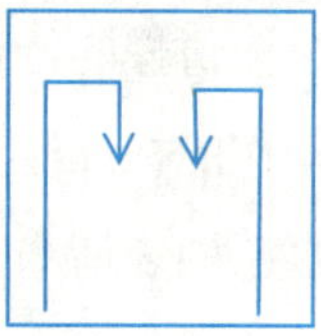
	裂队	裂队—走	两路纵队行进，听到口令后，左路左转弯走，右路右转弯走，由二路纵队裂成两个不同方向绕场行进的队	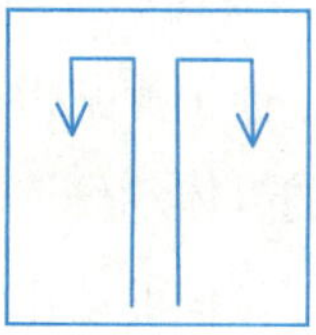
大班	变换队列	成二路纵队—走	先排成一队“一、二”报数，听到口令，双数的学生右脚向右前方跨一步，左脚靠拢右脚，并自行对正	
		成一路纵队—走	两路纵队之间呈一臂距离。听到口令后，右路学生左脚向左后方退一步，右脚靠拢左脚，站于左路学生之后，对正	
		成“十”字队列，各路左（右）转弯—走	先成二路纵队，听到口令后，各路左（右）转弯走，各路排头走至圆心踏步，这时呈“十”字形，然后按教师口令做动作	

（二）幼儿操节活动

幼儿基本体操的核心部分是以幼儿的年龄特点、兴趣以及身体发展需要为基础编排的操节动作。

幼儿操节活动可以分为模仿操、徒手操、轻器械操、韵律操、武术操、游戏操等。

小班模仿操：身体音阶操

1. 模仿操

模仿操是将动物的动作与姿态、成人的各种劳动动作、日常生活中的各类工作场景或是军事训练中的动作等挑选出来，编成形象生动又具有体育功能的体操动作，让幼儿模仿。在有趣的模仿中，有目的、有针对性地促进幼儿身体的发展。

模仿操适合于3～4岁小班年龄段的幼儿，而且深受幼儿的喜爱。具体可以分为动物模仿操、运动模仿操、生活模仿操、劳动模仿操、小兵模仿操等。例如，把12生肖的动物形态特征用鲜明的动作表现出来，就形成了一套动物模仿操；把洗衣服、洗菜、做饭、拖地等生活场景设计成生活模仿操；将军事训练的项目设计成小兵模仿操；把自然界的各种现象，如太阳高照、乌云密布、刮大风、下雨、下雪等，通过动作模仿编成操节；各种植物的形态表现，如柳树、小草、小花、小河等，都可以作为模仿操的素材。

模仿操的特点是：形象性强，常常与歌曲内容相配合，易于幼儿理解、掌握；对动作的标准性要求不高，模仿得像即可；内容丰富多样，自由活泼，幼儿可以加入自己的表情和夸张的肢体语言，自由发挥，所以深受幼儿喜爱。

2. 徒手操

徒手操是指在不需要任何器械的前提下，靠身体和四肢去完成一系列相对较简单的身体动作练习（或肢体动作）。徒手操的特点是：身体姿势端正，队列排得较整齐；做操的动作和角度要基本保持一致；动作要有节奏、合拍，尽可能做得准确。

徒手操的基本动作顺序要求是，头颈→上肢→下肢→躯体。

（1）头部运动。

以屈、转、绕为主要动作。

对应基本操节动作：点头、转头、头绕环。

（2）上肢运动。

以举、振、屈伸、绕环为主要动作。

对应基本操节动作：前平举、侧平举、上举、下举、侧上举、侧下举、后举；曲臂、展臂；平扩胸、后扩胸；肩部前后绕环、手臂前后大绕环。

（3）下肢运动。

以蹲、踢、弓步为主要动作。

对应基本操节动作：全蹲、半蹲；前踢腿、后踢腿、侧踢腿；前弓步、侧弓步。

（4）躯干运动（全身运动）。

以屈、转、绕为主要动作。

对应基本操节动作：体前屈、体后屈、左右体侧屈；以身体为轴心左右转体，以腰部为中心左右绕环等。

（5）跳跃运动。

对应基本操节动作：双脚跳、单脚跳、左右开合跳、后踢跳等。

3. 轻器械操

轻器械操是在徒手操的基础上，手持轻便的器械进行的体操活动。

幼儿轻器械操所使用的器械多种多样，如幼儿园常用的有哑铃（见图 3－5）、花棍（见图 3－6）、毛线编绳（见图 3－7）、棒、球、呼啦圈（见图 3－8）、小旗、花环、铃鼓、彩带等。还有一些是废旧物品及生活用品的再利用，如酸奶瓶、易拉罐、硬纸板（做成星星、花朵等）、报纸卷棒、手绢、扇子、筷子、小椅子等。

大班早操：轻器械操部分（绳操）

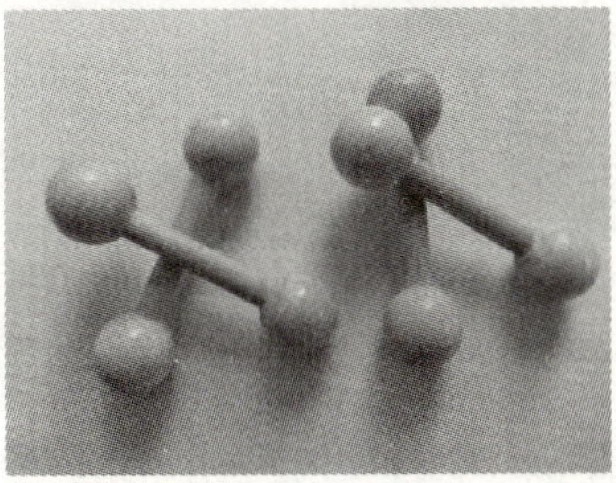

图 3－5　哑铃

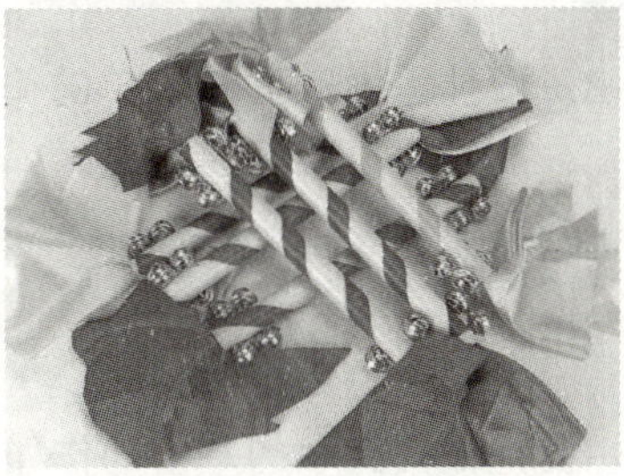

图 3－6　花棍

图 3－7　毛线编绳

图 3－8　呼啦圈

轻器械操除具有徒手操的基本动作要求之外，还要根据所选择的轻器械特点，做一些有器械配合的体操动作。如花棍操、筷子操可以有敲的动作（见图 3－9）；手绢操、小旗操（见图 3－10）可以有用力挥臂的动作等；球操可以有托球、抛球、运球等动作（见图 3－11）；圈操可以有举、套、钻、跳等动作（见图 3－12）。

图 3－9　花棍操

图 3－10　小旗操

图 3－11　球操

图 3－12　呼啦圈操

4. 韵律操

韵律操由一般徒手操动作和简单的律动或舞蹈动作结合而成，其节奏明快、韵律感强、动作活泼，能充分表现出欢快愉悦的情绪以及协调优美的动作姿态。这类操较适合中、大班幼儿做。

5. 武术操

武术操主要是根据武术的基本动作如推、冲、踢、蹬等编排而成，其动作有力、快慢结合，能表现幼儿勇武有神的精神面貌。结合《男儿当自强》《中国功夫》等音乐，配以武术动作，深受大班幼儿的喜爱。

6. 游戏操

游戏操是用游戏动作编成的操（如踢毽操、皮筋操等），或是把游戏与体操动作结合起来进行。

四、不同年龄段幼儿操节活动的特点

由于幼儿在身心发展方面具有一定的年龄差异性，因此在创编、选择和组织幼儿操节活动时，应充分考虑各年龄段幼儿的不同特点，以便通过有效的操节活动来促进幼儿身心的良好发展。

（一）小班幼儿操节活动的特点

小班幼儿的思维具体形象，喜欢模仿，具备了初步的理解能力和一定的记忆力，在成人的引导下，能做简单的模仿动作。为小班幼儿选择适宜的模仿操，模仿的角色和动作内容应活泼有趣，这样更能激发幼儿活动的兴趣。同时，由于小班幼儿的动作能力十分有限，做操时动作的协调性、准确性还较差，缺乏一定的空间感和节奏感，因此，操节动作内容较简单，重复较多，变化较少，每个动作完成的速度较慢，节数较少，活动量也较小。

（二）中班幼儿操节活动的特点

中班幼儿的理解能力、记忆力和动作能力有了一定的发展，空间感知能力和动作的节奏感不断提高，能完成具有一定难度的操节活动，如简单的轻器械操、韵律操等。中班幼儿做操时，动作较协调、较平稳，基本到位，空间方位和节奏感明显提高，操节的节数逐渐增多，活动量逐渐增大。

（三）大班幼儿操节活动的特点

大班幼儿的认知能力、动作能力、自我控制能力以及集体意识有了较大的发展，尤其是手腕的力量有所增强，能学习并掌握具有一定难度的操节动作，如轻器械操（小旗操、筷子操、扇子操）、武术操等。大班幼儿操节活动的内容可以逐渐复杂、变化多样，动作难度可以逐渐加大，例如，可以加入摆、振、绕环、快速屈伸、变换跳跃和较多的手腕动作，操节数可以增加到6～8节，活动量逐渐增大。大班幼儿做操的主动性和积极性明显提高，做操时较有节奏感，动作质量有了较大的提高。

五、幼儿基本体操活动的注意事项

（1）幼儿操节活动的队列练习、队形变换要简单，主要是为幼儿做体操服务，不要过分强调队列练习和队形变换的复杂性。

（2）教师要以积极愉快的情绪和饱满的精神状态影响幼儿，并使幼儿在愉快的参与中得到身体的锻炼。

（3）教师的口令要清晰，声音要洪亮，操节示范动作要有力、准确、优美。

（4）幼儿站位要求背风、背阳光、背向干扰物；在幼儿做体操时，教师应进行适当的指导，对于不同年龄幼儿的要求不尽相同，尽可能要求幼儿动作到位，要特别重视幼儿正确站姿和走步姿势的培养。

（5）根据秋冬季、春夏季的不同特点，在幼儿一日生活中有选择地创设不同的操节活动类型。例如，夏季可以选择创设早操、间操环节；冬季可以考虑安排间操、下午操等，多种形式互相配合相得益彰。

（6）幼儿操节活动的运动量不宜过大，运动量较大的跳跃应放在操的后半部分，动作由简单到复杂，运动量由小到大，动作幅度由小到大。

（7）同一学期内在保持整体风格的同时，可以根据季节、每个班级幼儿体能的发展情况创设不同的操节。

第二节　幼儿体操的创编

幼儿园体操在幼儿身心发展中具有重要而特殊的意义，是幼儿园活动中不可或缺的一项内容。创编体操必须紧扣幼儿的年龄特点，深入了解各年龄段幼儿动作发展的特征。

幼儿体操是幼儿一日活动的重要环节，对幼儿身心健康的发展有着很重要的意义。基于学龄前儿童的年龄特点，幼儿园体操与中小学体操相比，具有一定的特殊性，需要老师掌握幼儿体操创编的原则与技巧。

一、创编幼儿体操应遵循的原则

（一）科学性原则

幼儿的体能发展与年龄有着非常密切的关系，不同年龄阶段的幼儿，动作发展、体力、心理发展水平都不相同。在体操的编排中，各种动作与体能内容的安排一定要按照幼儿的年龄特点来实施，动作简单，易学易做，循序渐进。

（二）全面性原则

幼儿体操的编排应注意幼儿身心的全面发展，因此，只注重某些部位的动作安排，忽略其他部位的锻炼是不可取的。要将幼儿身体各部位的动作有机地结合起来，把培养正确的身体姿势与提高身体素质相结合，综合、均衡地安排头、颈、肩、腰、腹、背、上下肢以及全身的动作，让幼儿的肌肉、骨骼、关节、韧带都能够得到有效锻炼，身体的平衡能力、柔韧性、协调性以及动作的灵敏度得到全面的发展。

（三）适宜性原则

体操既然是运动，就不能等同于散步、游戏等活动，要具有一定的运动负荷，即达到一定的运动强度。一般来说，幼儿体操活动时的平均心率为 140 次/分为正常，运动强度最高时心率可达 150～170 次/分，放松阶段心率在 100～120 次/分，体操结束 5 分钟后，幼儿正常心率水平心率应该为 80～90 次/分。教师可以通过观察幼儿的面部表情、出汗程度、呼吸状态来简单判断运动负荷的达成情况。体操活动的运动负荷应该是呈“曲线上升，波形推进，大角度抛物线下降”的一个过程，大密度，中强度，短时间，少间歇。当然，也不能为了过分强调运动量而忽视幼儿的个体差异和不同地域幼儿水平的发展差异。运动强度要适宜，过强或过弱的运动量不但达不到锻炼的目的，相反会对幼儿的身心发展造成损害。

（四）趣味性原则

教师要善于发现孩子感兴趣的事物，想方设法贴近幼儿生活，使体操编排更具情趣化、游戏化。比如配乐和器械的选择，如果是一些孩子喜闻乐见的音乐、儿歌或器械，孩子就会对其产生兴趣、产生共鸣，有利于体操的开展。同时，优美的旋律、动作，也可以让幼儿感受到美，帮助其形成初步的审美意识。

（五）创新性原则

将体操与幼儿园设立的体育特色活动有机结合，除达成体操的锻炼目的之外，还可以辅助幼儿园的体育特色教学，相辅相成。例如，开展篮球课程、足球课程、跳绳类等特色课程的幼儿园可以在体操中融入特色体育教学活动，设计篮球操、足球操、绳操等轻器械操。一些具有明显地域特征的幼儿园也可充分利用自己的地域特征开展体操活动。例如，海南某幼儿园的竹竿操、广西某幼儿园的铜鼓操等，都是根据当地的民族特征来设置的体操。

二、体操的结构

（1）热身运动：如走、跑和变速跑等全身运动达成热身的目的。

（2）队列变化：在小、中和大班通过队列变化训练可提高幼儿在团体中了解与认识自身与团体的关系，增进幼儿的团体意识并发展幼儿理解指令的能力。

（3）操节：操节是体操的主要部分，不仅要达到幼儿开始一天幼儿园生活时唤醒身体机能的目的，而且早操也是幼儿运动的一种类型，需要通过一定的运动量，使幼儿在每日的体操中逐步实现幼儿运动能力与体能的不断提高。

（4）体能活动：利用徒手操和轻器械操练习走、跑、平衡、跳和钻等动作来发展幼儿的基本动作的协调性和运动能力。

（5）放松阶段：在早操的放松阶段充分地放松，可以使幼儿以良好的身体与精神面貌开始一天的幼儿园生活。

三、幼儿体操创编的步骤与方法

（一）体操创编前的准备工作

1. 明确创编的任务和要求

选编一套操，首先要根据目的、任务来选择内容。例如作为准备活动的操，操节就应该简单，充分活动身体各关节和肌肉；如果是表演操，操节的队形变化应丰富、表演性强等。

2. 深入了解幼儿的状况

选编操时必须根据幼儿的年龄、性别、兴趣、健康状况、气候条件、基本身体素质以及做操能力等实际情况来选择内容，做到因人而异，因地制宜。

（二）幼儿体操的创编流程

1. 确定体操的类型、动作难度和节数

根据幼儿的年龄特点确定体操类型、动作难度、全套操节的节数、操节动作的

节奏及变化、活动量等（见表 3-2）。

表 3-2　根据幼儿的年龄特点确定体操类型等

班级	体操类型	动作难度	节数	呼数	节奏	活动量
小班	模仿操（主要类型）	动作较简单、动作对称、变化小	每套 4～5 节	4×4 或 2×8	较慢，变化小	一般
中班	徒手操（主要类型）	动作有一定的难度和变化	每套 5～7 节	2×8	有快有慢，有一定变化	增大
大班	轻器械操、徒手体操（包括韵律操、武术操）	动作难度大、变化多	每套 6～9 节	2×8 或 4×8	有快有慢，变化多	较大

确定操节的名称时要反映出操的特征，清楚以身体哪些部位为主、哪些部位需配合。如以腹、背部肌肉的交替屈伸为主的动作，则可称为“腹背运动”，幼儿可根据名称做出相应的动作。模仿操类可以采用模仿的动作或比拟的各种动作来确定。

全国第二套幼儿广播体操《世界真美好》

操节节数的多少应根据对象来确定，一般年龄越小，节数越少。小班以 4 节左右为宜，中大班可以增至 6～8 节。

2. 设计和选编每一节操的动作

根据选编操的目的、任务以及编操的一般规律，从设计动作的方向、幅度、路线、频度、节奏等几个因素来设计和选编每一节操的动作（见表 3-3）。

表 3-3　幼儿体操具体动作设计

运动部位	动作类别	动作的形式与方向
头部运动	屈	前屈（低头）、后屈（抬头）、侧屈（左屈、右屈）
	转	向左、右转头
	绕环	向左、右绕环
上肢运动	臂的举、摆、屈伸	臂前举、摆、振、屈伸，臂后举、摆、振（结合其他动作），臂上举、摆、振、屈伸，臂侧举、摆、振、屈伸，臂斜上举、摆、振、屈伸，两臂同侧举、摆、振等
	臂绕环	向前绕环、向后绕环、向内绕环、向外绕环、同侧绕环、“8”字绕环、前臂绕环、小绕环、轮流绕环等
	臂侧开	前举侧开扩胸、前平屈侧开扩胸、前举交叉侧开扩胸等
下肢运动	腿的举、摆	腿前举、摆动，腿后举、摆动，腿侧举、摆动，腿向异侧举摆，屈膝举、摆，踢腿（高摆腿）
	腿屈伸	起踵、半蹲起立，深蹲起立，单腿蹲起，前压腿、后压腿、侧压腿、半劈腿，劈腿（纵、横）
	腿移动	前点地、后点地、侧点地，前后开立、左右开立，前弓步、侧弓步、后弓步、斜弓步

续表

运动部位	动作类别	动作的形式与方向
下肢运动	单脚跳	交换跳、点地跳、转身跳、移动跳、踢腿跳
	双脚跳	前后开合跳、左右开合跳、前后交换跳、左右交叉跳、转身跳、移动跳、向上跳、蹲跳
躯干运动	上体屈伸	体前屈、体后屈、上体左侧屈、上体右侧屈、俯卧体前屈等
	体转	身体向左转、向右转
	体绕环	身体向左绕环、向右绕环
	倾倒	身体向前倒、向后倒、向侧倒；俯撑、仰撑、侧撑；直角平衡、俯平衡（燕式平衡）、侧平衡等
组合与变化	身体各部位动作	身体各部位动作的结合；各类动作的结合；不同方向的结合；动作的节拍、速度、次数的变化等

身体各部位的动作要相互配合。人体的运动是由诸多肌肉群参与活动的，当主要活动身体某部位时，其他部位都会相应地参与，以便维持身体稳定。例如，头部动作主要与上肢、下肢及躯干的动作相配合，头部动作的位置是否正确，影响动作的姿势，直接关系动作的质量；伸展运动配合抬头，增加了背肌的紧张度，使胸部得到舒展；上肢动作通常与下肢、躯干配合，才能加大动作幅度，提高动作协调性和运动效果；跳跃运动时，往往配合两臂上摆拍掌等，以增加腾空高度。

注意节拍的连续性。如四四拍动作，第一拍要为第二拍准备好有利的身体姿势，第二、第三拍往往要确切地反映出该节操的运动特征（是屈还是转），第四拍还原成开始姿势。

3. 合理安排每一节操的顺序

根据运动量由小到大、动作难度由易到难的原则循序渐进安排节操的顺序。一般是先从踏步或从经常活动的上、下肢开始，例如原地踏步或伸展运动、上肢运动、四肢运动；接着是做踢腿运动、躯干运动（先侧后转）、全身运动或腹背运动、跳跃运动、放松整理运动或踏步。

4. 选择音乐

根据所创编的体操的类型以及节数等特点，选用适合幼儿的音乐或者节奏明显的律动音乐进行配乐练习，可根据音乐的长短对操节进行补充或者删减，或者对音乐进行截取。

5. 影像资料

运用现代媒体手段，将配乐后的体操进行录像，制作出视频资料存档，以防编制出后遗忘。

6. 编写格式、文字说明及简图介绍

编写文字说明，可以配以简图或者照片。编写文字说明的要求如下：

（1）全套操的名称：如“拍手操”“模仿操”“哑铃操”“花操”“红旗操”“棍棒操”等。

（2）节数：如“第一节”“第二节”“第三节”等。

（3）动作名称：每一节动作的名称，一般是以“对身体的作用”命名，如“伸展运动”或是指动作的部位如“上肢运动”。

（4）预备姿势：如“直立”“立正”。

（5）做操的拍数：如每节做两个八拍（2×8 拍）。

（6）开始姿势：如立正、直立、两脚开立等。

（7）动作部位：如上肢、下肢、躯干等。

（8）动作方向：如向前、向后、向左、向右、向内、向外等。

（9）动作方法：如举、踢、绕、绕环、体前（后、侧）屈等。

（10）结束姿势：还原成立正姿势。

四、影响操节动作效果的因素

影响操节动作效果的因素主要有身体姿势、动作方向、动作幅度、动作路线、动作频率、动作速度和动作节奏。

（一）身体姿势

身体姿势是指动作的外部表现，包括开始姿势、动作过程中的姿势和结束姿势。姿势的正确与否，直接影响动作的难易程度和锻炼效果。例如，做体前屈动作时，两臂做侧举、叉腰或上举等不同姿势，会给背部肌肉带来不同的负担量。

（二）动作方向

动作方向是指动作经过一定的路线后所指向的目标（空间位置）。动作的方向是根据练习者的身体与所做动作的相互关系来确定的，可分为前、后、左、右、上、下 6 个基本方向。此外，还经常用向内和向外或斜方向（指介于两个基本面的中间方向）来说明动作的方向。动作的方向不同，对身体各部位的影响也不同。

（三）动作幅度

动作幅度是指做动作时，身体或身体某一部位移动距离的大小。幅度的大小直接影响着身体负担量的大小，例如，两臂胸前平屈后振和两臂侧举后振，后者比前者幅度大，动作量也就大。

（四）动作路线

动作路线是指做动作时，身体或身体某部分运动的轨迹。动作路线分为直线运动和曲线运动。

在做直线运动时，需要指明动作的起止点；若做曲线运动，则应该把动作所经过的中间路线加以说明，例如两臂经前至侧平举。

（五）动作频率

动作频率是指在单位时间内重复动作的次数。例如：两臂绕，两拍绕一次和绕两次，后者比前者的频率快一倍。在单位时间内，重复次数不同，肌肉的负担量就不同。

（六）动作速度

动作速度是指在单位时间内身体或身体某部分移动的距离，例如：在一秒钟的时间内做两周前上举比两臂前举移动的距离要长，速度越快，肌肉工作的负担量就越大。

（七）动作节奏

动作节奏是指做动作时肌肉用力和放松交替而形成的节律。

以上7个因素是密切相关的，它们共存于动作之中。因此在创编幼儿体操时，应考虑如何很好地运用这几个因素。

五、幼儿基本体操的组织要点

（一）重视调动幼儿做操的积极性和主动性

在组织幼儿学习与练习基本体操的过程中，应重视调动幼儿学习与练习的积极性和主动性。例如：对于小班幼儿，可以为他们创设一个有歌谣或儿歌相配的欢快、轻松的情境，引导幼儿根据歌谣或儿歌的内容，跟着老师一起做模仿动作，同时也鼓励幼儿自己做一些想象、创造的动作；对于中、大班幼儿，可以与幼儿共同商议选择哪种轻器械来做操或做怎样的操。此外，无论是选用现成的操节内容，还是创编新操，都应该重视与幼儿之间的互动和交流，引导幼儿去理解和体验，观察幼儿的活动状况，尊重幼儿的能力和水平，并根据幼儿的想法和实际能力进行动作上的调整，以便使幼儿基本体操的操节内容更吸引幼儿和适合幼儿。

（二）教师的指导要到位

1. 重视情绪感染与带动作用

教师应以积极愉快的情绪和饱满的精神状态影响幼儿，起到带动作用，使幼儿在愉快的参与过程中得到身体的锻炼。

2. 口令清晰、示范到位

教师的口令要清晰，声音要洪亮，操节动作的示范要准确、有力、优美。同时，口令应根据动作幅度的大小和肌肉用力的程度有轻重、缓急、强弱、快慢之分。

3. 要有动作要求

在幼儿做体操时，教师应进行适当的动作指导。对于不同年龄幼儿的要求不尽相同，在小班，以引导幼儿进行一定的动作模仿、练习为宜；在中、大班，尽量要求幼儿动作到位，尤其应特别重视对幼儿正确站姿和走步姿势的培养。

4. 要抓好重点和难点

对于中、大班幼儿，操节动作的重点和难点要讲解清晰，如每节操的动作部位和幅度要讲解清楚，逐渐要求部位准、路线对、幅度适当，最后要求动作有节奏。在做操过程中，还应注意培养和发展幼儿的观察力、体位感以及时空感等，逐步提高幼儿做操的质量。

5. 要适时呼吸

教师要清楚每一项练习中正确吸气和呼气的时机。一般是举臂、扩胸、展体时吸气，落臂、含胸、下蹲、体前屈时呼气。有时还可以让幼儿在做动作时，发出一定的声音，如扩胸时发出“嘿、嘿”声，模仿打气时发出“哧”声，模仿放鞭炮时发出“砰啪”声等，以声助力，既可以提高活动的趣味，又可以避免用力时憋气。

6. 教学方法要多样化

幼儿操节活动的教学方法要多样化，可以巧妙地运用情境教学法来调动学习与活动的积极性，避免幼儿被动地学操。

可以运用游戏来创设情境，吸引幼儿进行动作探索、练习和想象、创造。如：为幼儿创设“小动物都来做游戏”的场景，引发幼儿模仿和探索小猫伸懒腰、小猴往远望、大象甩长鼻、小兔蹦蹦跳、小鸟飞呀飞等动作；设计与“小矮人”相关的游戏场景来帮助幼儿学习蹲走的动作等。

还可以运用问题来创设情境，使幼儿产生好奇心，调动他们参与活动的积极性。如，在与幼儿共同创编响筒操的过程中，可以向幼儿提出以下问题：“两个响筒在上面、下面、前面可以怎样敲?”“在做跳跃动作时，你们想让响筒怎样?”等，随后让幼儿进行探索和体验，师生共同讨论决定选择哪些操节来做。

（三）合理安排活动量

1. 整套操的活动量变化要有一定的节奏

幼儿操节活动的动作应由简单到复杂，活动量应由小逐渐增大。活动量较大的跳跃动作应放在操的后半部分，最后应安排适当的放松和整理动作。但总体而言，幼儿操节活动的活动量不宜过大。此外，操节动作的幅度也应由小逐渐增大，动作的速度不要过快（跳跃动作除外），以避免肌肉、肌腱、韧带等部位被拉伤。

2. 整体安排和灵活调整相结合

一般而言，每一学期，每个年龄段幼儿基本体操的内容是一样的，这样便于统一安排幼儿做操的活动时间和场地。但在保持幼儿基本体操整体风格不变的情况下，也可以根据季节的变换、每个班级幼儿体能发展的具体情况进行灵活调整，选择不同的操节活动以及操节活动后集体的体能锻炼内容。此外，在较寒冷的秋冬季，幼儿基本体操的活动量可以适当增大一些，以便让幼儿在户外尽快暖和起来。

本章小结

本章阐述了幼儿体操的基本理论知识。了解幼儿体操的内涵和意义，掌握幼儿体操创编的原则是创编幼儿体操的依据；掌握幼儿体操创编的步骤和方法，有利于科学、合理地设计幼儿体操，掌握幼儿体操组织的方法，可以有效指导幼儿体操的开展。

实训内容

1. 根据所学儿童歌曲、童谣等，尝试编排一套幼儿模仿操。
2. 制订大班早操计划，8～10人一组进行展示。

同步练习

1. 试述幼儿体操的意义。
2. 阐述影响幼儿操节动作效果的因素。
3. 如果请你设计幼儿园的器械操，请你说说你将给大、中、小班幼儿分别选择什么器械。试举一两个例子。

第四章　幼儿运动器械体育活动

【学习目标】

- 了解幼儿各种运动器械体育活动的意义。
- 了解幼儿各种运动器械活动的特点和玩法。
- 了解幼儿各种运动器械活动的组织与实施。

【任务导入】

- 了解运动器械的特点和内容。
- 掌握组织运动器械活动的方法。

第一节　幼儿运动器械体育活动概述

幼儿运动器械作为体育活动中不可缺少的一种材料，不仅影响幼儿参与体育活动的情绪和行为，还可引发幼儿参与体育活动的兴趣和构想，并产生相应的行为和活动。运动器械不仅是顺利完成运动目标与任务的载体，也是激发幼儿运动的愿望，调动幼儿参与活动的积极性、主动性的物质保证。同时，幼儿在选择并运用体育运动器械的过程中，可以扩大与其他幼儿的接触与交往，使幼儿在活动过程中共同提高与发展，充分体现幼儿是活动的主人。

一、幼儿运动器械体育活动的意义

运用各种体育运动器械进行游戏活动，有其特殊的意义和作用。因为各种徒手动作练习比较单调、枯燥，不容易引起幼儿的兴趣，难度也较小，相对来说，锻炼效果较低。幼儿不仅比较喜欢利用各种运动器械进行游戏活动，而且充分利用各种体育器械进行游戏活动也更有利于强身健体、健脑、健心。其意义如下：

（1）通过各种运动器械活动，能逐步培养幼儿的独立性、自主性。幼儿依靠自己的力量完成各种动作练习，从中体验成功的乐趣，并建立自信心，使之更喜欢参加体育活动。

（2）通过各种摇摆、颠簸类运动器械的活动有助于发展幼儿整个身体的动态平衡能力。幼儿在运动器械的不断变化中及时调整自己的身体位置，以保持身体的平衡，并且能够在实践中丰富感知经验，体验该类运动所带来的肌肉紧张与放松时的感觉，增强前庭器官的机能。

（3）通过各种大、中型运动器械进行攀爬、翻越、登高等活动，不仅能够增强幼儿身体各部分的肌肉力量，而且能够发展幼儿对身体的控制能力、平衡能力，提高动作的协调性、灵活性、稳定性，更有效地促进幼儿身体与运动机能的发展。

（4）通过各种大、中型运动器械（尤其是各种移动型运动器械）的活动，能为幼儿提供感知觉体验，并使之获得视觉运动经验，从而更有效地促进幼儿空间知觉和判断能力的发展。

（5）通过丰富多彩的小型运动器械的活动，不仅能更好地调动幼儿参加体育活动的积极性，使幼儿身体得到全面的锻炼和发展，而且能使幼儿的动作更灵敏、更协调、更准确，还能培养幼儿团结友爱、互相帮助、集体合作的良好品德。

（6）通过各种大、中、小型运动器械的活动，能够更好地促进幼儿心理健康，培养良好的品德。利用各种各样的器械游戏活动不仅能使幼儿感到新鲜、有趣，玩得非常开心、愉快、兴奋、自由自在，逐步形成活泼、开朗的性格，而且还能使幼儿不断克服胆怯、害怕、恐惧等心理障碍，增强自信心，培养勇敢、顽强的意志品质和自觉遵守游戏规则的良好习惯。

二、运动器械的种类

（一）固定性运动器械

固定性运动器械主要包括各种固定于幼儿园户外活动场地的运动设备，主要指一些不能移动的大、中型运动器械。由于这类运动器械是按照一定的功能设计的，所以玩法相对固定，发展功能也相对聚焦。按其发展功能，可以分为摆动类、滑行类、旋转类、平衡类、弹跳类、钻爬类、攀登类、悬垂类等多种类型。

1. 摆动类器械

摆动类器械包括摇摆类器械和颠簸类器械。摇摆类器械是指悬挂于空中，使身体做前后或左右方向摆动的体育设备，如秋千、荡船等；颠簸类器械是指身体做上下方向颠簸运动的体育设备，如摇马、跷跷板等。

2. 滑行类器械

滑行类器械是指能使身体顺着物体斜面由高处向低处做滑行运动的体育设备，如各类滑梯、滑索等。

3. 旋转类器械

旋转类器械是指能使身体围绕一个中心轴做旋转运动的体育设备，如转椅、转马等。

4. 平衡类器械

平衡类器械是指用于做身体平衡练习的体育设备，如平衡木、梅花桩、荡桥等。

5. 弹跳类器械

弹跳类器械是指用于做弹跳动作练习的体育设备，如蹦蹦床、充气小城堡等。

6. 钻爬类器械

钻爬类器械是指用于做钻或爬的动作练习的体育设备，如各种材质的通道、塑料小球等。

7. 攀登类器械

攀登类器械是指用双手和双脚做攀登或攀爬动作练习的体育设备，如攀登架、攀登网、攀岩墙等。

8. 悬垂类器械

悬垂类器械是指用于做悬垂动作练习的体育设备，如单杠、平梯、悬垂架等。

滑行类、攀登类大型运动器械见图 4-1。

图 4-1　滑行类、攀登类大型运动器械

（二）移动性运动器械

相对于固定性运动器械，移动性运动器械除了具有基本功能以外，还可以根据使用情境和需要进行多种组合，因而玩法更加灵活，功能和价值更加多样、丰富。常见的移动性运动器械有拱形门、平衡木、投掷架、木制台阶、小梯子、垫子、小三轮车、脚踏车、摇摇车、小手推车、滑板车等（见图4－2）。

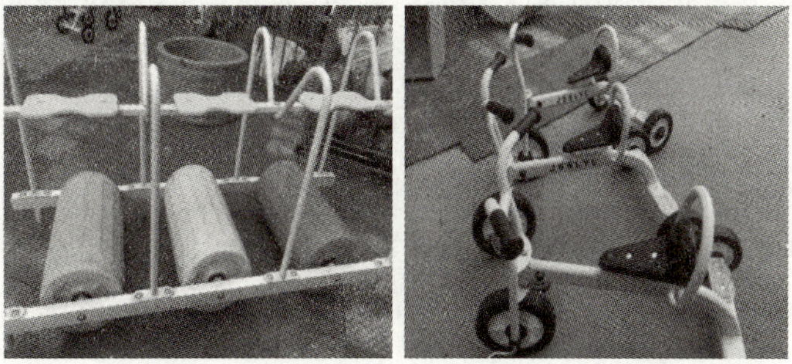

图4－2 移动性运动器械

（三）手持性运动器械

手持性的各种小型体育活动器械是指体积小、重量轻、便于幼儿手拿的器械，也包括各种自制的体育活动器械。主要包括各种大小球类、小哑铃、小凳子、小椅子、小沙包、毽子、小高跷、小竹马、铁环、各种小飞镖等，可以根据活动需要进行多种组合，玩法多样，功能丰富，通常可以运用到幼儿的各类体育活动中，如体育游戏、基本操等。

三、幼儿运动器械活动与游戏的年龄特点

（一）小班幼儿运动器械活动与游戏的特点

小班幼儿活泼好动，好奇心较强，已具有初步的模仿能力，喜欢直接动手摆弄和操作运动器材，较热衷于进行熟悉的运动，尤其喜欢滑滑梯、荡秋千、玩转椅、骑小车、玩球等活动。幼儿虽然已初步掌握了走、跑、爬、攀登等基本动作，但动作的水平不高，平衡能力、动作的协调性与灵敏度还较差，力量不足，缺乏耐力，其他的基本动作尚未发展起来。

由于小班幼儿生活和运动经验不足，安全意识薄弱，自我保护能力较差，独立活动的能力也较差，并缺乏同伴交往的经验和能力，因此，他们通常只能在成人的协助和关照下，操作一些熟悉的运动器械，进行一些简单的运动，并需要成人的引导和指导。

小班幼儿具有一定的自我意识，他们喜欢自己拥有和同伴一样的器材，玩着同样的游戏，做着相同的动作，这样他们可以相互模仿，充分运动，并从中获得愉悦

感和自主感。

（二）中班幼儿运动器械活动与游戏的特点

中班幼儿活泼好动，乐于探索，随着运动机会的增多，认知经验和运动经验逐渐丰富起来，已逐步学会了各种基本动作，动作能力和身体素质有了一定的提高，因此，利用运动器械进行活动与游戏的能力有了较大的发展。他们不仅能理解运动器械的基本特征，掌握器械的基本玩法，而且能大胆想象，创造性地使用运动器材进行操作、组合和探索，使动作方式和游戏内容不断丰富。例如：不满足于只有一两种功能的器械，开始喜欢玩组合型的运动器械；滑滑梯时喜欢尝试做出各种不同的姿势和动作；能利用圈、球等运动器材创造出多种游戏方法。

中班幼儿已具备一定的同伴合作经验，同伴交往技能有所提高，并十分乐意与同伴一起进行运动器械的探索和游戏，从而使同伴合作性的运动游戏逐渐丰富起来。

（三）大班幼儿运动器械活动与游戏的特点

大班幼儿具有较强的求知欲，喜欢探究、创新和挑战，活动能力和运动经验更加丰富。随着年龄的增长以及体育活动经验的积累，他们已较熟练地掌握了各种基本动作，动作技能和身体素质有了较大的发展，可以掌握难度较高的器械（如铁环、陀螺、跳绳等）的操作方法，尤其喜欢玩那些具有探索性、挑战性的大型组合运动器械。

大班幼儿合作能力较强，已经能较好地运用运动器械完成需要同伴共同协作的运动游戏，同时，由于学习新动作技能的能力逐渐增强，他们在初步掌握各种基本动作的基础上，喜欢尝试和体验更加复杂的动作技能和团队合作游戏，如跳长绳、跳皮筋、躲沙包、踢足球、投篮球等游戏（见表 4-1）。

表 4-1　各种器械的主要功能

器械名称	主要功能
攀登架、爬网、攀岩墙	锻炼幼儿攀爬能力，增强四肢与腰背部的肌力
跷跷板、秋千、滑梯、平衡木、转椅、小梯子、高跷、梅花桩	锻炼幼儿的平衡、协调能力，培养幼儿勇敢、坚强的意志品质
篮球、皮球、羽毛球	培养幼儿手眼的协调能力以及动作的敏捷性
沙包、飞镖、投掷球、爬杆、小推车、吊环、高低杠、单杠软梯、爬绳	锻炼幼儿臂力，提高身体各部分的协调性、灵活性及快速反应和躲闪能力等
拱形门、钻圈、钻筒	练习钻爬动作，提高幼儿身体的柔韧性和协调性
毽子	发展幼儿下肢的关节、肌肉及韧带
独轮车、摇摇车、滑板车、三轮车、平衡车	锻炼幼儿平衡能力及下肢力量
跳绳、蹦床	提高幼儿的弹跳力，增强心血管、呼吸和神经系统的功能

四、幼儿运动器械活动与游戏的组织要点

（一）充分研究运动器械的特点与功能

不同的器械，其结构与特性也不同，在玩法与功能上存在较大的差异。每种器械有多少种玩法、操作的难点在哪里、能锻炼幼儿哪些部位和动作、应提出哪些安全与卫生的要求，这些都需要教师认真研究、深入探讨。这是开展运动器械活动、引导幼儿操作和进行游戏活动的前提。教师只有将每种运动器械研究透了，才能真正成为幼儿的玩伴，为幼儿提供适宜、具体的指导。

（二）提供的运动器械要符合幼儿的年龄特点

不同年龄段的幼儿，动作发展有所差异，并且同年龄段的幼儿发展水平也不相同，幼儿喜欢的运动器械、能够操控并充分游戏的运动器械也是不一样的。教师在提供材料时应从不同年龄段幼儿的特点与发展需要出发，根据本园现有的条件和设备，为不同年龄段的幼儿提供适宜的运动器械和游戏材料，发挥幼儿自主选择的主动性。教师应结合幼儿各年龄段的特点与发展目标来提供适宜的运动器械和游戏材料，充分利用运动器械和游戏材料自身的特征与价值来引导幼儿进行有意义、有效的运动。

（三）注重运动器械和活动的安全性

器械的安全性是选择运动器械时需要重点考虑的因素。大中型固定的运动设备和器械，必须定期进行检查，检查内容包括有无螺丝松懈、有无接口松动、是否出现豁口和毛刺等，及时发现问题并进行处理。中小型可移动的运动器械、轻器械以及游戏材料等，既要方便使用又要安全，边角应光滑。例如，需用棒舞动时，就选用海绵棒、纸棒等轻便安全的材料。在幼儿使用运动器械和游戏材料进行活动前，事先向幼儿提出运动安全和游戏的要求，并在具有一定危险性的运动器械旁边加以关注和保护，及时提醒和帮助幼儿，确保活动中的安全。

（四）考虑幼儿能力水平的差异

幼儿的动作发展具有明显的个体差异，教师在为幼儿提供同一类型的运动器械和游戏材料进行活动时，应尽可能考虑难易程度上的层次性，便于幼儿根据自己的能力水平进行选择。例如，提供的平衡板应该有高低和宽窄上的不同；提供的投掷篮筐和靶心目标应该有高低和大小上的不同；提供的攀登设备也应该有高低以及难易程度上的不同等。

（五）注重运动器械的合理搭配

将运动器械和游戏材料进行合理搭配，不仅能提高幼儿的活动兴趣，还可以丰

富动作和游戏的内容，从而达到多项锻炼的目的。例如，可以将拱形门与垫子搭配起来使用，拱形门可以用来钻，垫子可以用来进行爬或侧身翻滚，二者搭配使用，可以使游戏内容多样并能增加活动量。又如，幼儿玩小推车时，如果只是单纯地来来回回推空车，一段时间以后，会感觉比较枯燥，这时如果能及时提供球、布包等游戏材料，引导幼儿来搬运“西瓜”或“粮食”，他们便会继续保持运动和游戏的热情。

（六）鼓励幼儿自主探索运动器械的多种玩法

很多运动器械和游戏材料都有多种玩法，教师应鼓励幼儿一物多玩，进行个人、同伴间及小组合作的自主探索。这样做，一方面能够充分发挥器械和材料的锻炼价值，综合性地发展幼儿的动作和体能；另一方面，也能满足幼儿探索与发展的需求，创造性地进行运动和游戏。球、轮胎、圈、绳、纸棍、木梯等都具有多种操作的可能性，富有变化，是吸引幼儿探究、进行一物多玩的好器材。例如，仅轮胎就可以有多种玩法：可以用来滚动，边滚动、边跟着轮胎跑，还可以滚轮胎绕障碍物；可以将轮胎排列起来，在上面行走或从中间钻爬过去；可以一个人坐在轮胎的中心，另一人拉着轮胎走；可以把几个轮胎推成小高山，然后翻越“轮胎山”；等等。如果为幼儿同时提供多种运动器械和游戏材料，那么，幼儿利用器械进行自主探索和创造的空间则更加广阔，运动和游戏的内容将会更加丰富有趣。在不断进行自主探索和创造的运动与游戏中，幼儿可以充分熟悉运动器械的特征，发展各种动作技能，提高多种身体素质，感受和体验运动带来的无穷变化和乐趣，同时，想象力、创造力及社会交往能力也都能获得极大的发展。

第二节　幼儿运动器械体育活动组织

幼儿运动器械体育活动是指在幼儿园中开展的以幼儿为主体，借用运动器械进行的一种有目的、有计划的体育活动过程。其根本目的是在教师的指导下，幼儿积极主动地利用运动器械进行锻炼，从而获得身体全方面发展和运动技能的提高。幼儿运动器械体育活动的组织是教师为了幼儿身体健康的成长而预先对活动进行的规划和组织。

一、幼儿运动器械体育活动组织的原则

（一）根据幼儿的年龄特点选择合适的运动器械，充分发挥幼儿主体性

由于幼儿的年龄特点有所不同，导致其对运动器械的需求也不同，所以教师应

遵循幼儿的年龄特点来选择适宜的器械。不同年龄的幼儿参加运动器械活动的内容、方法、运动负荷都是由易到难、由简单到复杂、由低强度到高强度，逐步深入的。如对于小班幼儿应多提供一些活动技能易于掌握、模仿性强、数量充足，能促进幼儿平衡、走、跑能力发展的活动材料；对于中班幼儿应提供能促进其身体协调发展的，如能钻、爬的活动材料；对于大班幼儿应提供一些动作技能高、能满足幼儿一物多玩的需要，能促进综合素质提高，发展追逐、躲闪技能，运动强度较大的活动材料。因此，教师在提供体育器械时要有难有易，让幼儿能够根据自己的能力选择相应的器械，从而让每一个幼儿都能够体验到运动的乐趣，并增强他们的自信心。

（二）要尊重幼儿的能力水平差异

教师在组织活动时要尊重幼儿的体质、能力之间的差异，进而设计多层次的运动器械活动，并把握好每个层次的设置和投放原则，使活动适合于不同能力水平的幼儿。例如，在平衡游戏场景的创设中，可将平衡木设置得有宽有窄、有高有低、有曲有直等，幼儿在练习走平衡木时，可以根据自己的能力自主地进行锻炼，同时幼儿还可以挑战不同难度的平衡木，从而获得新的兴奋点和成功点，提升参与活动的兴趣。

（三）要注重器械的安全性

运动器械的安全性是选择该种器械的首要条件。大型和固定的活动器械、组合式的活动材料，需要定时检查，如发现问题应及时解决处理。中小型、可移动的活动器械和自制器械，材料要边角光滑，重量要适宜。如用棒舞动，就可采用海绵棒、纸棒等，既方便又安全。

（四）对幼儿感兴趣的运动器械进行制作或改进

在体育游戏活动中，有趣的器械会激发幼儿活动的热情和积极性。教师需要细心观察和发现幼儿喜欢的材料，例如，发现幼儿对易拉罐感兴趣，就可以将易拉罐捆绑起来做成高跷，幼儿可以踩着高跷玩；发现幼儿对呼啦圈感兴趣，就可以为他们制作一个立体呼啦圈，进行钻爬游戏。当幼儿看到喜欢的材料制作成了运动器械，运动的兴趣会大大提升。

（五）鼓励幼儿探索运动器械的多种玩法

在体育游戏中，可以鼓励幼儿尝试多样的运动器械，并通过自己的探索，创造出多种玩法。例如，在探索“有趣的轮胎”活动中，有的幼儿坐在轮胎中心，另一位幼儿拉着轮胎走；有的把轮胎推成小高山，爬轮胎山；有的把轮胎摆成一定的图形进行跳跃练习；有的把轮胎竖起，让伙伴们钻洞。在对运动器械玩法的探索过程中，幼儿的创造力和想象力能够得到很大的提高。

多种玩法的运动器械见图 4-3。

图 4-3　多种玩法的运动器械

（六）合理搭配体育运动器械，创设一定的情景，激发幼儿的活动兴趣

运动器械的合理搭配，不仅能提高幼儿运动的兴趣，还可以更好地达到锻炼的目的。例如，幼儿在玩小推车时，如果只是让他们单纯地来来回回地推空车，幼儿会感觉很枯燥。如果在车里装上一些球或布袋，分别作为“西瓜”和“粮食”，让幼儿体验搬运“西瓜”“粮食”的感觉，再将轮胎分段摆开以创设障碍物，幼儿运送时可以绕障碍物推车，增加了难度，这样会让他们更加投入地参与到游戏活动中去。

二、幼儿运动器械体育活动的组织

（1）目标明确：思考组织幼儿运动器械体育活动的价值在哪里、发展什么能力、促进什么动作等。

（2）选择适当的场地与器材：进行幼儿运动器械体育活动的准备，场地在哪里、那里有什么器材、还需要补充什么器材等。

（3）组织与玩法：幼儿运动器械体育活动的玩法是什么、按什么顺序进行。

（4）幼儿运动器械体育活动的规则：活动应该怎样进行、不能违反哪些要求。

（5）幼儿运动器械体育活动的自选活动：自选的时候提供哪些东西给孩子玩、是否允许孩子对自然物进行探究或三三两两地交流嬉戏。

三、幼儿运动器械体育活动的注意事项

（1）根据幼儿的年龄特点选择合适的运动器械。

（2）活动前教师要认真检查器械有无损坏、是否存在安全隐患。

（3）教师在组织幼儿运动器械体育活动时要查看活动场所是否安全，有没有石块、砖头、木棍等危险物品。

（4）幼儿活动时必须在教师的视线范围内。

（5）活动前组织幼儿做好准备工作，做适当的热身运动。

（6）当幼儿人数较多时应分组活动，主动排队，有序使用活动器械。

（7）活动过程中，教师如发现孩子出现不适情况应立即停止活动并采取相应的处理办法。

（8）运动后要有适当的放松活动，比如：捶捶腿、肩、背等。

案例

1. 活动名称：中国功夫——梅花桩

2. 活动目标

（1）练习在梅花桩上进行平衡行走，锻炼幼儿的灵活性，提高幼儿的平衡能力。

（2）培养幼儿的合作意识。

3. 活动准备

（1）自制梅花桩若干组（将 4 个易拉罐捆绑在一起），自制水桶（色拉油桶），光滑的木棍。

（2）布置活动场地（见图 4－4）。

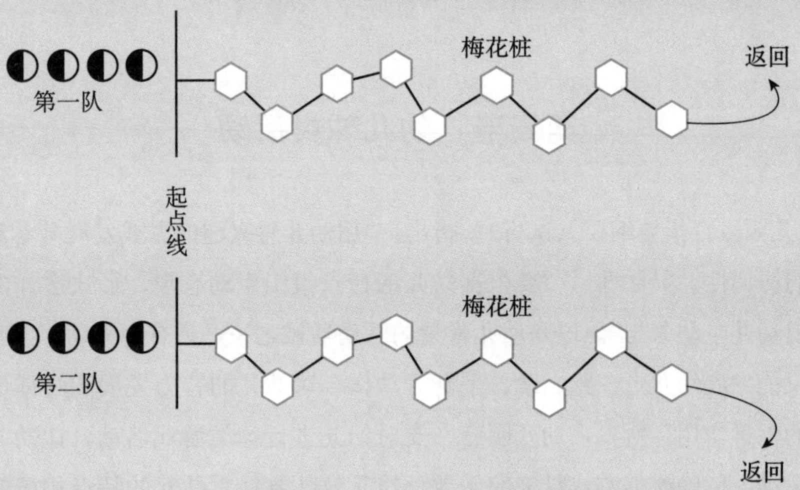

图 4－4　场地布置

（3）音乐准备：《中国功夫》。

4. 活动过程

（1）开始部分。

教师带幼儿随音乐进入场地，做热身运动。

（2）基本部分。

1）在体育区域内自主练习平衡走。

2）观察并熟悉梅花桩路线，探索梅花桩的玩法。

游戏一：徒手走梅花桩，梅花桩按一定的间距摆放，幼儿依次练习走梅花桩。

游戏二：中国功夫：增加难度，幼儿两手提水桶侧平举在梅花桩上依次行走。

游戏三：竞技游戏——巧走梅花桩。

幼儿分组进行接力赛，每位幼儿从起点开始，两手提水桶侧平举并在梅花桩上行走至终点后从一侧快速返回，将水桶交给下一位幼儿，依次接力，最先完成的队为优胜队。

游戏四：竞技游戏——两个和尚抬水吃。

每组幼儿两两合作，从起点开始，抬水桶一前一后在梅花桩上行走，到达终点后，由一侧快速返回，依次接力，最先完成的队为优胜队。

在游戏过程中教师要提醒幼儿注意安全。

小结以上活动，组织幼儿探讨梅花桩的其他玩法。

（3）结束部分。

1）幼儿随音乐进行放松活动。

2）整理活动器械。

（4）活动延伸：把器械投放在体育区供幼儿自主选择。

第三节　幼儿球类活动

《幼儿园教育指导纲要（试行）》指出："用幼儿感兴趣的方式发展基本动作，提高动作的协调性、灵活性。""要根据幼儿的特点组织生动有趣、形式多样的体育活动，吸引幼儿主动参与"。球是幼儿喜爱的活动器械之一，具有会滚动、能弹跳等特性，不仅能发展幼儿走、跑、跳、平衡等动作，对幼儿的智力发展和身体成长也起到积极的促进作用。所以，幼儿园有必要对幼儿进行球类游戏活动，让幼儿充分接触球类运动，体验球类游戏带来的乐趣。幼儿教师要针对幼儿的特点积极开展各类球类活动，在锻炼幼儿身体协调性和灵敏度的同时，有效地促进幼儿身心健康发展，使他们开心快乐地成长。

一、球类游戏活动的方式和主要器材

球类游戏活动的方式多种多样，主要依靠手、脚、头等部位对球进行控制和传递，可以进行滚、抛、掷、拍、接、踢、击、运、吹、托、顶等操作。各年龄段幼儿的球类活动目标如表 4－2所示。

体育活动的主要器材有篮球、足球、排球、乒乓球、垒球、实心球、棒球等

（见图 4 - 5）。

表 4 - 2　各年龄段幼儿的球类活动目标

班级	目　标
小班	1. 喜欢玩各种球，乐意接触相关信息，并初步尝试用语言谈论各种关于球的事情（情感态度）； 2. 乐意尝试参与各种球的活动，初步掌握滚球、抛球、拍球等基本动作（运动技能）； 3. 能在各种球类游戏中持续活动 20 分钟左右，初步熟悉球性并掌握基本动作，提高奔跑、协调等身体运动素质（身体素质）； 4. 愿意参加集体活动，初步形成良好的取放球类器械、进行球类活动的常规，在活动中活泼愉快（个性品质）
中班	1. 初步了解与球类相关的启蒙知识，尝试用简短的语言与同伴交流相关的信息，对球类活动的信息感兴趣（情感态度）； 2. 知道并掌握各种球的基本玩法，有良好的玩球常规，并学着运用各种辅助材料进行球类游戏（运动技能）； 3. 能在各种球类游戏中持续活动 25 分钟左右，活动时动作的舒展性、协调性、灵活性以及观察判断能力有一定的提高，能适应室内外不同的气候环境（身体素质）； 4. 形成乐观向上的积极心态，培养幼儿的坚持性以及合作精神、群体意识、勇敢品质，促进非智力因素发展（个性品质）
大班	1. 能积极主动地与同伴一起投身于球类活动中，感知与分享对球类活动的知识与技能，主动探寻不同球类的特性，对球类活动产生浓厚的情趣（情感态度）； 2. 积极探索与同伴合作玩球的各种方法，形成良好的球类运动常规，学习体验简单的比赛知识与方法，积累幼儿园球类比赛的经验（运动技能）； 3. 能连续进行 30 分钟以上的球类运动，具备较好的协调、灵敏等身体素质（身体素质）； 4. 形成团结合作、遵守规则、敢于竞争、胜不骄败不馁、活泼开朗的良好个性心理品质（个性品质）

图 4 - 5　各种球类

二、篮球游戏活动的主要内容

（一）小班篮球游戏活动

小班篮球游戏的主要内容有单双手拍球、单双手滚球、双手抛接球等，以熟悉球性为主。小班幼儿一般能初步掌握双手拍球，单双手滚球，双手接滚来的或从高处落下、速度较慢、方位比较正的篮球等动作。但是小班幼儿对于出手接球的动作和时间还掌握不好，对接球的方向判断不准。

（二）中班篮球游戏活动

中班篮球游戏的主要内容有双手滚接球、单手拍球、双手交替拍球、胸前传接球、抛接球、运球、头上传球等。中班幼儿通常可以连贯、有节奏地单手拍球，能初步掌握双手胸前传接球、传接反弹球等较为复杂的动作，他们玩球的力量、准确性、协调性有了很大提升。

（三）大班篮球游戏活动

大班篮球游戏的主要内容有花样拍球（站高物拍球、拍球转圈、圈内拍球、绕障碍物拍球、拍球抢球等）、单手滚接球、拍球绕直线或曲线前进、快速运球前进、传接球、投篮等。大班幼儿进一步掌握了更多篮球动作技能，可以进行较为复杂的运球、拍球等练习。

三、足球游戏活动的主要内容

（一）小班足球游戏活动

小班足球游戏的主要内容有单双手滚球、双手抛接球、踢球、踩球等。小班幼儿一般能初步掌握单双手滚球、双手拍球、踩踏球、踢球等动作，但是踢球缺乏准确度。图 4－6 所示为小班足球的一些基本动作。

图 4－6　小班足球基本动作

（二）中班足球游戏活动

中班足球游戏的主要内容有踢球（正脚背踢球、脚内侧踢球、脚外侧踢球）、定点射门、停球、运球（左右脚交替运球、绕障碍物运球）等。中班幼儿能初步掌握简单的脚传球动作，但是传球和踢球的力度及准确度还不够。

（三）大班足球游戏活动

大班足球游戏的主要内容有拨球、运动射门、停球、运球、传接球、顶球等。大班幼儿能较熟练地掌握运球、传接球等复杂动作。图 4－7 所示为大班足球游戏的一些动作。

图 4-7 大班足球游戏

四、球类游戏活动的主要动作

（一）篮球游戏的主要动作

1. 原地拍球

身体向前微屈，五指自然张开，屈伸肩、肘、腕关节，用五指及指根包住球并有节奏地拍打，练习过程中，不断控制球下压的力量及弹起的高度，由轻到重，把握好手下压的准确性，使球垂直落地。此动作能促进幼儿的控球能力及节奏感的发展。

2. 滚球

弯腰低头，用手指和指根触球，用手腕的力量拨滚球，同时人随球一起跑动。滚球移动时，球与人移动的速度要一致，双手滚球时两手用力要均衡。此动作能促进幼儿协调性和控球能力的发展。

3. 双手交替拍球

身体微向前屈，在原地依次用左、右手拍球，使球垂直起落；不断增大两手间的距离，使球成“V”字形在两手间进行反弹起落。此动作锻炼幼儿双手的协调性。

4. 接球

正确判断来球的方位、速度、距离，及时伸臂迎球，做好接球手形。接球时，手心应正对或斜对来球，球触手后，双手及时后移以缓冲来球。此动作能促进幼儿手眼协调能力及快速反应能力的发展。

5. 运球

幼儿在原地拍球的基础上，有意识地进行拍球移动的练习，如向前移动、向侧移动、向后移动、拍球转圈等，练习中主要强调手臂的力量、球与身体保持适当的距离，以及控制好球的方向。

6. 传接球

两手持球两侧并置于胸前，两腿微屈，上体微微前倾；抛出时挥臂、屈腕，将球传出，另一名幼儿双手接球。此动作能促进幼儿控球能力及快速反应能力的发展。

7. 双手胸前传球

两脚平行或前后站立，两腿微屈，两臂屈肘，两手持球并置于胸前；蹬腿、伸腰、伸臂、屈腕，将球推出。此动作强调幼儿的手臂力量，并能促进幼儿控球能力的发展。

8. 胯下传接球

单手执球，身体成弓步，双手在胯下传接球，此动作锻炼幼儿双手间绕障碍物的协调配合能力。

（二）足球游戏的主要动作

1. 踩球

单脚踩球时，将球放于体前的地面上，身体直立，一只脚轻轻地踩在球上，另一只脚支撑在地面。此动作能促进幼儿下肢协调能力及身体稳定性的发展。

2. 踢球

踢球时，一只脚保持在球的侧方，另一只脚绷直踝关节、向后摆动，然后用脚面击打球的正后方；也可勾起脚尖，脚向外侧展开，用脚弓踢球。此动作能促进幼儿下肢力量、协调能力及运动技能的发展。

3. 传球

脚弓传球时，支撑脚的站位要选择适当，脚尖冲前，膝关节微屈，面向要传球的方向。触球脚的脚弓面与传球方向垂直，脚底与地面平行，脚尖微翘，用脚弓踢球的正后方。此动作能促进幼儿的下肢力量及身体稳定性的发展。

4. 射门

脚弓射门的动作要领与脚弓传球的大体一致，只不过加大力量，提高精准度。脚背射门时，向目标轻松助跑，立足脚站在足球侧边，自然向后提起小腿，眼望足球顶部，紧锁脚跟挥动小腿踢向足球中央点。此动作能促进幼儿下肢力量及控球能力的发展。

5. 停球

踩踏停球时，用脚底踩住来球；脚弓停球时，一只脚支撑地面，另一只脚外转，用脚弓迎住来球。此动作能促进幼儿双脚协调能力及运动技能的发展。

6. 运球

运球时，用脚弓轻轻地推动球向前滚动，尽可能把球保持在体前。在此基础上，可以进行不同路线、不同速度的带球跑动练习。此动作能促进幼儿下肢协调能力的发展。

五、球类游戏活动的组织

篮球游戏之动作练习

（一）情境创设

幼儿的思维具有形象性、具体性等特点，因此，在球类游戏活动中，可以创设一定的情境，这样会使游戏活动更具趣味性，方便调动幼儿的积极性。如：大班球类游戏“蚂蚁搬豆”。幼儿扮演小蚂蚁，要在下雨前把草地上的豆子（篮球）全部运回家。“小蚂蚁”需要拍球至一块“沼泽地”（一块垫子）前，抱着球，翻跟头通过这片沼泽地，接着拍球钻过一个山洞（钻圈），然后拍球走到独木桥前，抱球走过独木桥，再将球拍到指定地点，将球踢进洞里。幼儿在游戏中不知不觉地巩固了拍球、踢球的技能，更重要的是提高了他们参与活动的积极性、趣味性。

（二）鼓励幼儿主动探索

教师可以在活动开始时先不介绍游戏的玩法和动作要领，只为幼儿提供各种球作为活动材料，并把对球的选择权交给幼儿，让他们选择自己喜欢的球，自由随意地玩，充分感知球性。等幼儿对球有了兴趣，再根据幼儿的探索引入游戏，以游戏的形式不断丰富幼儿的玩球动作和经验，从而不断提高幼儿的控球能力。如结合幼儿踢球、拍球的探索，引入“会跳舞的足球”“带着篮球去旅行”“拍球比赛”等游戏，让幼儿体验球类游戏带来的无穷乐趣，激发幼儿玩球的好奇心和自信心。

（三）适度增加挑战

教师可以结合幼儿的活动能力和特点，从幼儿的实际需要出发，设计有难度但努力后可完成的游戏，让幼儿感受挑战的乐趣。如投篮游戏活动中，可以设计高低不同的固定篮筐、可伸缩的篮筐、可以自由调节的篮筐、会移动的篮筐等，幼儿可以根据自己的能力选择不同的篮筐进行活动。活动一段时间以后，教师可以在幼儿原有的基础上提出更进一步的要求，如在不同距离进行投篮。此外，还可以经常组织幼儿开展比赛，始终让他们感到游戏活动是有挑战性、有新鲜感的。

（四）通过儿歌辅助活动

教师可以把球类的基本动作要领编成朗朗上口的儿歌，让幼儿在理解儿歌的同时记忆相关动作技巧。这种方法形象生动、可操作性强，能有效提高幼儿活动的效果。

例如：篮球方向练习可以编成儿歌：拍拍它的背篮球会后退，拍拍它的胸篮球往前冲；拍拍它的头上下更自由，拍拍它的肩左右跳得欢。幼儿可以边念儿歌边练习球技，在玩中轻松掌握动作，从而提高动作技能。

（五）安排适宜的运动量

在组织球类活动时，要遵循人体的生理活动规律及幼儿的年龄特点科学地开展球类活动，安排适宜的运动量。活动中，通常将需要幼儿重点学习和练习的身体的动作放在整个活动的前半段，而将运动量较大或较容易引起幼儿好奇的活动安排在整个活动的后半段。活动结束前，教师还应带领幼儿做一些身体放松活动，以调整身体状态。

案例

案例一：赶猪入栏

1. 活动目标

（1）学会侧向击球的方法。

（2）培养幼儿击球的准确性，判断和协调能力。

（3）培养幼儿对游戏的乐趣、竞争意识与合作精神。

2. 活动准备

小凳6～8把、木棍2根、皮球2个，场地布置如图4－8所示。

3. 活动过程

（1）热身运动。

师生扮演小猪做操：头部运动、手臂运动、腰部运动、脚部运动、关节运动。

（2）熟悉活动场地并练习用木棍向前赶球。

（3）游戏玩法：全班幼儿分成人数相等的4个小队，成4路纵队站在两端（见图4－8），第一队和第三队面对站立，第二队和第四队面对站立。听到口令后，由第一、第二队两名幼儿双手握紧木棍上端，身体侧向，用木棍的另一端击球（猪），使其向前滚动，使球（猪）依次从凳子旁滚过，直至球滚到第三、第四队幼儿面前，互相接替，滚球幼儿到排尾站好。游戏继续进行，直到第一、第二队幼儿与第三、第四队幼儿互换场地。最后，速度快者获胜。

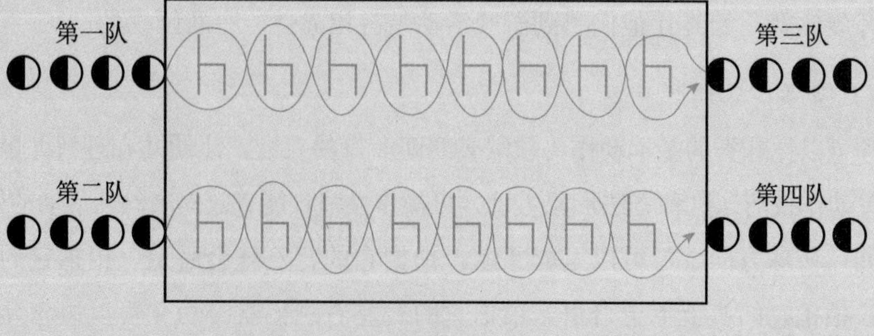

图4－8　“赶猪入栏”场地布置

（4）师生小结，游戏反复进行。

教师提醒幼儿注意游戏规则：

1）球必须依次从凳旁滚过才算有效。凡球未滚过者，必须重新使球滚过。

2）不准用脚踢球。

（5）放松运动：

1）教师小结游戏情况，奖励优胜队。

2）师生共同做放松身体动作：抖肩、拍腿等。

3）整理场地。

（6）延伸活动：

可以因地制宜利用场地，如坡地、草地、鹅卵石地等进行赶球活动，活动时注重激发幼儿对游戏活动的兴趣，鼓励幼儿克服困难。

案例二：接球乐

1. 活动目标

（1）练习连续运球和接球，发展手眼协调能力。

（2）尝试球的各种玩法，喜欢玩球活动。

2. 活动准备

幼儿每人1球、大鼓2个、纸篓2个，场地布置如图4-9所示。

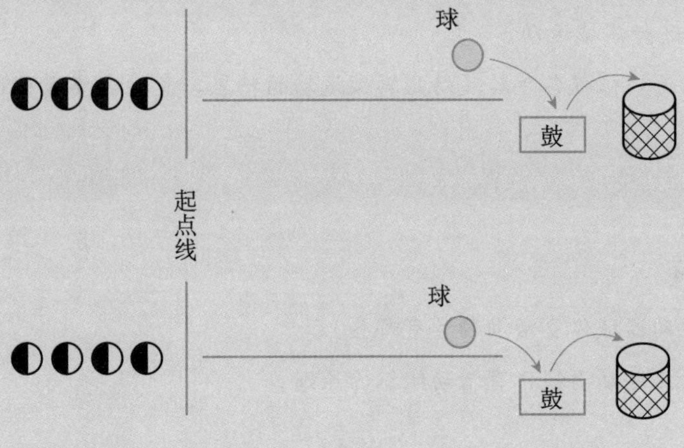

图4-9　“接球乐”场地布置

3. 活动过程

（1）热身运动：随音乐做模仿动作，上肢运动、下肢运动、手腕运动、体转运动、跳跃运动。

（2）基本过程：

玩法：幼儿分成两路纵队站在起点线上，第一名幼儿手持球。鼓的后面站一接球的幼儿，手持纸篓。听到口令后，第一名幼儿运球走至鼓前，将球在鼓上击一下，鼓后的幼儿迅速用纸篓接住球，然后放在身后，运球的幼儿和接球的幼儿互换位置。之后，游戏依次进行。每人接球、运球各一次，最快者为优胜队。

教师提醒幼儿注意游戏规则：

1）运球的幼儿必须到鼓前，将球在鼓上击一下，方可离去。

2）游戏时间长短可根据幼儿情绪、体力情况灵活掌握。

本章小结

运动器械是幼儿体育游戏的载体，是与幼儿进行互动的重要媒介，因此运动器械活动是幼儿园体育活动的重要内容。需要理解运动器械活动的重要意义以及特点，同时从幼儿园的实际出发，从幼儿动作发展的需求出发，选用适合幼儿的运动器械，从而促进幼儿的身心发展。

实训内容

1. 熟练掌握幼儿运动器械体育活动的组织方法。

2. 学生4～5人为一组，设计两种以上运动器械体育活动组织形式的方案，并尝试组织幼儿进行器械运动。

3. 小组讨论：依据各年龄段幼儿器械运动的特点，总结各类器械运动中的指导要点。

同步练习

1. 幼儿运动器械体育活动种类有哪些？

2. 阐述幼儿运动器械体育活动组织的原则。

第五章　幼儿体育游戏

《规程》中明确指出：“幼儿园应当将游戏作为对幼儿进行全面发展教育的重要形式。”体育游戏是幼儿园体育活动的一项重要内容，也是完成体育工作的主要形式。幼儿在体育游戏中能获得多方面能力的提升，不仅可以增强体质，发展体能，提高速度、耐力、灵敏度，同时还可培养幼儿的智力和思维能力、创造力和竞争力，促进幼儿身心健康发展。

【学习目标】

- 了解各年龄段幼儿体育游戏的特点。
- 熟练掌握体育游戏创编的方法。
- 掌握组织体育游戏的要点和注意事项。

【任务导入】

- 结合所学的理论知识，组织学生到幼儿园观察并总结各年龄段幼儿体育游戏的特点。

- 参加幼儿园体育活动，在游戏中体验体育游戏的重要性，拓展学生体育游戏的组织能力。
- 了解幼儿生理、心理特点，能针对幼儿的发展特点，设计幼儿体育游戏。
- 根据幼儿各年龄段基本动作的发展特点，创编亲子体育游戏。
- 指导学生对于各年龄段幼儿的体育游戏活动进行正确的指导与分析。

第一节　幼儿体育游戏概述

一、幼儿体育游戏的概念

幼儿体育游戏是根据一定的体育任务设计的，由身体动作、情节、角色和规则组成的，运用游戏的形式进行身体训练，以发展幼儿走、跑、跳、钻爬、投掷等各项基本动作和技能为主要内容，是幼儿体育活动的一种主要形式。幼儿体育游戏有明确的规则和玩法，有明确的结果，是以发展幼儿身心为目的的一种锻炼活动，它和角色游戏、结构游戏、音乐游戏等有所不同。幼儿体育游戏也称为活动性游戏或运动性游戏，是规则游戏的一种。

二、幼儿体育游戏的特点

（一）具有趣味性和竞争性

幼儿体育游戏是深受幼儿喜爱的趣味体育活动，幼儿体育游戏的趣味性是区别于其他体育活动最为显著的特征之一，主要体现在情节性和竞赛性两个方面。幼儿体育游戏内容丰富多彩，形式多样，大多数幼儿体育游戏都带有一定的情节和各种不同的角色，给幼儿带来的是一种轻松、平等、自由和愉快的游戏体验，这非常符合幼儿爱模仿、好扮演的特点。而竞赛性体育游戏，能充分满足幼儿争强好胜的心理，是幼儿努力做好动作的巨大动力。

（二）具有锻炼性

幼儿体育游戏是以发展幼儿基本动作和技能为主的体育活动。幼儿体育游戏将基本动作和技能的锻炼融合于趣味性很强的活动之中，把比较难以理解的动作变成有趣的游戏情节，幼儿在愉悦的游戏中完成各项基本动作，这比单纯地教动作更容易被幼儿接受，从而更好地完成教学任务。因此幼儿体育游戏既是幼儿体育的内容又是幼儿体育的方法和手段。

幼儿体育游戏中富含改变运动和动作信号的特征，在做幼儿体育游戏的过程中，幼儿所进行的身体活动并不是简单、机械的动作循环和重复，而是一种多样性、综合性、开放性的运动模式，这样的运动模式不仅有助于运动经验的建立，更能把神经感觉和肌肉运动有机地结合在一起，对幼儿神经系统和运动器官的发育大有益处。

（三）具有规则性

《指南》指出，要结合社会生活实际，帮助幼儿了解基本行为规则或其他游戏规则，体会规则的重要性，学习自觉遵守规则。规则是体育游戏顺利开展的重要因素，将规则融入体育游戏活动中，能确保活动顺利开展，完成活动目标，也可以避免一些意外事故的发生。幼儿体育游戏一般都有明确的规则，通过参加体育游戏，让幼儿明白生活中处处有规则，要树立规则意识，学会遵守规则。

（四）具有综合性

户外体育活动是幼儿园一日活动环节之一，幼儿园体育教学主要通过体育活动和体育游戏两条途径来完成。体育活动只有锻炼的属性，而体育游戏除了锻炼之外，还有趣味、娱乐和竞技的属性，不仅锻炼幼儿身体，而且培养幼儿良好的品德，陶冶幼儿情操，更能全面发展幼儿的身心。因此，幼儿体育游戏是幼儿园健康教育的重要方式。

三、不同年龄段幼儿体育游戏的特点

体育游戏受幼儿年龄、认知水平、身心发展等因素的影响而有所差异。在小班体育游戏中，游戏常常不分组，规则简单，不受限制，易于操作和实施；中班体育游戏的动作种类和难度有所增加，游戏规则更加复杂且有限制性；大班体育游戏对动作和规则性要求更高，同时在规则的设定方面开始充分考虑儿童的主动性和自主性。各年龄段幼儿体育游戏的特点具体可参考表 5－1 所示内容。

表 5－1　各年龄段幼儿体育游戏的特点

项目	小班	中班	大班
能力发展	小班幼儿处在身体生长发育的初期阶段，体力和身体素质比较弱，大肌肉群发育不太完善，各项基本动作都还没有正确掌握，动作缺乏协调性和准确性，平衡能力差。小班幼儿喜爱游戏、好模仿，但注意力不易集中	中班幼儿的智力、体力和动作有所发展，动作比较协调，平衡能力、空间能力和独立生活能力也有很大提高，注意力较易集中，而且有信心完成一定难度的动作	大班幼儿体力更充沛，动作更加协调有力、灵活自如。他们对周围的生活已有进一步的了解，观察分析和理解能力有了明显的提高，开始具有组织能力和控制注意力的能力，增强了责任感

续表

项目	小班	中班	大班
内容和动作	动作、内容比较简单。常常集体做同一动作，共同完成一项任务	内容开始复杂，喜欢有情节的游戏和追逐性游戏，除了带有一定的情节外，还增加了一些无情节的游戏	竞赛性、合作性游戏增多，动作增多，难度增大，另外，一些体力和智力相结合的游戏，大班幼儿较为喜欢
情节和角色	情节简单，角色较少，多为幼儿熟悉的角色（如小动物），便于幼儿模仿	比较喜欢有情节、有角色、有追逐性的游戏，体育游戏情节和角色增加	情节较复杂，角色较多，游戏中的情节和角色之间的关系更复杂
规则和结果	规则较简单，而且不带限制性，是幼儿容易做到的。他们对游戏中的动作、角色、情节都很感兴趣，但是对游戏的结果则不大注意	中班幼儿能控制自己，比较自觉地遵守游戏规则，游戏的规则也比较复杂，带有一定的限制性。中班幼儿对游戏的结果有所注意	体育游戏规则较复杂，限制性较强，大班幼儿喜欢有胜负结果的游戏

四、幼儿体育游戏的意义和作用

（一）有利于幼儿身体发育和动作发展

体育游戏能促进幼儿身体器官、系统机能的正常发育，增强肌肉、韧带的力量和弹性，提高运动系统机能；游戏时心跳加快，能够提高呼吸系统和循环协调功能；因为动作的发展与中枢神经控制能力的发展有密切关系，所以动作的发展还能促进神经系统功能的发展。

在体育游戏中，幼儿的各项基本动作得到了进一步的发展和完善，基本活动能力得到了进一步的提高。而且，体育游戏多在户外进行，幼儿充分地接触阳光和新鲜空气，提高了他们对外界环境变化的适应能力，增强了身体的抵抗力。由此看来，体育游戏对促进幼儿身体正常发育和动作的协调发展有着重要的意义和作用。

（二）有利于幼儿智力的发展

幼儿体育游戏一般都具有竞赛因素，幼儿为了取胜，不仅是体力的竞争，同时也是智力的竞争。体育游戏能促进幼儿神经系统的发育，为幼儿智力的发展提供良好的条件。通过体育游戏，幼儿可以获得丰富的知识和运动经验，使感知更加敏锐，观察力、记忆力、想象力、判断能力、思维能力和创造能力得到发展。

（三）有利于幼儿意志品质的培养

参加体育游戏既能为幼儿带来欢乐，又能培养幼儿勇敢顽强、不屈不挠、克服困难的意志品质和自信心，增强幼儿的责任感，同时还能培养幼儿的合作意识、群体意识，使之形成良好的个性，促进社会性发展。

（四）有利于幼儿美感的培养

体育游戏中的动作美、姿态美，能培养幼儿对美的感受，塑造健美体格，陶冶美的情操。体育游戏能使幼儿通过动作过程本身获得满足，从而产生良好的情绪体验。通过游戏的规则、角色、情节以及幼儿之间的相互关系，培养幼儿的心灵美、行为美并激发幼儿创造美。

第二节　幼儿体育游戏分类

由于内容多种、形式多变、动作多样，幼儿体育游戏的类型也多种多样。幼儿体育游戏分类的目的是适应体育教学活动的需要，它要根据幼儿园体育任务和游戏特点而定。了解幼儿体育游戏的分类方法，便于在幼儿园更好地选择、运用游戏。幼儿体育游戏主要有以下几种：

一、按基本动作分类

人体的基本能力主要是指走、跑、跳、投、攀登、悬垂等，按这些基本动作的特征划分，可把幼儿体育游戏分为走步游戏、跑步游戏、跳跃游戏、投掷游戏、钻爬游戏、攀登游戏、悬垂游戏、滚动游戏、平衡游戏等。这种划分方法，有助于教师了解活动过程中动作的基本特征，便于选择，以达到发展某种基本动作能力的目的。如游戏“开心跳跳糖”“小兔钻山洞”“猴子挂”“小熊过桥”等。

二、按身体素质练习分类

身体素质是人体进行活动中所表现的各种机能能力。幼儿体育游戏按提高身体素质的作用进行分类，可分为速度性游戏、力量性游戏、耐力性游戏、灵敏协调性游戏、柔韧性游戏、弹跳类游戏等。这样的分类把体育游戏直接与提高某种素质相结合，可以使幼儿在参与游戏时目的性更明确。如游戏“小青蛙跳荷叶”“悬垂小勇士”“推小车”“跳绳”“袋鼠跳”等。

三、按游戏的组织形式分类

幼儿园的体育游戏一般可分为集体游戏和自由游戏。集体游戏是以教师为主，采用分组和不分组的形式进行，为了完成一定的教学目标而组织的教学性游戏活动，如“小动物找家”“熊来了”“小鸡捉虫”等。自由游戏是以幼儿为主，幼儿自定运动形式、自选运动器械、自由组合玩伴的自主性游戏活动，如“吹泡泡”“找朋友”等。

四、按游戏活动的形式分类

活动形式是体育游戏的外在表现，它一般都有较强的特异性。按活动形式分类，幼儿体育游戏主要分为接力游戏、追跑游戏、争夺游戏、角力游戏、猜摸游戏、综合游戏等，如往返接力、人枪虎、占圈、顶牛、盲人摸象等。这样的分类可以清楚地展示某种体育游戏活动中所采用的形式。

五、按运动项目分类

各个运动项目都是从游戏中发展而来的，根据运动项目分类，可以使体育游戏活动的方式、场地和器材的使用较为明确。按运动项目进行分类，幼儿体育游戏主要分为篮球类、足球类、排球类、田径类、体操类、武术类等。这种分类明确揭示了游戏活动的特征，比较容易地使体育游戏成为某个项目的辅助手段。

综上所述，幼儿体育游戏有着多种多样的分类方法，除以上几种外，还有按活动的性质、使用的器械、游戏场地、人数多少、幼儿的年龄等分类的。

第三节　幼儿园体育游戏创编

游戏最符合幼儿的年龄特点，能有效地促进幼儿身心的发展。幼儿体育游戏融智力开发、知识性、趣味性、娱乐性为一体，形式生动，内容丰富，是发展智力、能力的一种教育教学手段。由于幼儿年龄、个体等方面的差异，因人而异、因地制宜地创编幼儿体育游戏成为幼儿教师的任务之一。

一、幼儿体育游戏创编的原则

（一）锻炼性原则

体育游戏不同于角色游戏、娱乐游戏等，它应该是以增强幼儿体质为主要目的。创编时不能只关注体育游戏的娱乐性，而忽略游戏的锻炼性，因此在创编时应注意将基本动作融入具体的游戏情境之中，还要有一定的运动负荷量，充分整合场地、运动器械、草地、树林等资源，从而达到提高幼儿身体素质的目的。

（二）趣味性原则

体育游戏的趣味性是体育游戏具有生命力的重要因素。因此，游戏创编应选择幼儿熟悉和喜爱的角色，安排简单有趣的情节，最大限度地提高幼儿参与游戏的积极性。托班、小班应该在动作设计上根据幼儿爱模仿的特点做一些模仿操和一些基础的动作练习等。中班和大班的游戏中应更好地利用游戏的情节和体育器械，如立定跳远中的“小青蛙跳荷叶”等。

（三）创新性原则

幼儿体育游戏应富于时代精神，顺应时代发展的要求，形式和内容新颖而且富有吸引力。因此，创编体育游戏要注意吸收新信息、新观点，采用新方法和新手段，体现出新时代的特点，满足幼儿的心理需求。如采用幼儿喜欢的动画片中的故事情节或动画人物创编体育游戏，更能激发幼儿积极参与游戏活动的兴趣。

（四）教育性原则

体育游戏具有较多的竞技性、趣味性，不仅能发展、完善幼儿精细动作和局部机能，更有利于幼儿良好品质的形成。体育游戏的教育性原则主要体现在培养幼儿自信、自强、团结友爱等优良品德上。创编体育游戏时，要将品德教育渗透在游戏的各个环节之中，增强幼儿责任感和集体荣誉感。

（五）安全性原则

幼儿体育游戏是深受幼儿喜爱的一类游戏活动，有一定的激烈程度和难度，因此在创编幼儿体育游戏时要防患于未然，尽可能排除不安全因素。确保游戏的安全，教师是关键，要全面考虑各种有可能发生的事情，在游戏活动开始之前，将游戏场地、游戏器械以及幼儿服装等可能存在的安全隐患逐个排除，营造一个安全有趣的环境。

（六）发展性原则

由于3～6岁的幼儿在身体、心理等方面的发展具有明显的差异性，他们在体育游戏活动中表现出来的行为也不同，因此在创编体育游戏时，可根据幼儿的体质、年龄特点等情况，从易到难、由浅入深、循序渐进，以达到促进幼儿身心发展的目的。

二、幼儿体育游戏创编的方法

由于受教学场地、幼儿发展需求及个体差异的影响，现有的体育游戏在实施过程中难免会有局限性。除此之外，随着课程改革的推进，部分体育游戏也满足不了新课改的要求。因此，必须因地制宜、因人而异，结合教学实践，创编出受幼儿欢迎的体育游戏。体育游戏创编可从以下几点入手。

（一）制定游戏目标

制定游戏目标是幼儿体育游戏创编的最主要的环节，明确体育游戏的目的，才能更好地完成幼儿体育教育教学任务。游戏目标的制定应从幼儿已有的水平出发，根据幼儿的活动参与度、身体发展、心理健康和社会适应情况来确定，由易到难，循序渐进，避免以单纯的身体动作发展为唯一目标，目标要直观、具体、切合实际要求，而且还要贯彻全面教育的原则，兼顾德育、智育和美育的发展，涵盖认知、技能、情感发展三个方面。

（二）选择游戏内容

幼儿体育游戏一般以身体活动为主要内容，如走、跑、跳、投掷、钻爬、攀登、翻滚、悬垂等基本动作，或者以体育器械，如绳、梯、球等进行创编，不宜繁难，要避免单调乏味。创编体育游戏一般从角色、创设情节入手，以幼儿熟悉的生活题材为主，也可从动画片、绘本、经典童话中的故事入手，如“小蝌蚪找妈妈”“龟兔赛跑”等。角色根据游戏的性质来确定，可以是一个，也可以是多个。

（三）制定游戏规则

游戏规则能明确指导与要求参与者如何玩游戏，是顺利进行游戏的必要保证。幼儿自我控制能力差，制定切实可行的游戏规则，能将幼儿无目的的“玩耍游戏”转化为“规则游戏”，使规则意识的培养渗透在幼儿一日活动的每个环节，从而更好地促进孩子的发展。

制定游戏规则时要做到科学性、兴趣性、简易性和创新性相结合，从不同年龄段幼儿的身心特点出发，结合身体素质、运动负荷等因素综合考虑。教师可引导幼儿讨论、共同制定游戏规则，充分发挥幼儿的主体性和能动性，提高其发现问题、解决问题的能力。

（四）确定游戏名称

幼儿体育游戏的名称是对游戏内容的直接表达，不仅要反映游戏的具体内容，还要简明扼要、富有吸引力，便于幼儿理解和记忆。创编游戏名称要简单形象、立意新颖、富有启发性、易记易懂，一般以三到五个字为宜。可根据游戏的基本动作、游戏的活动方式以及游戏的题材、形象、情节或主题特征等来命名，也可根据体育游戏的目的和意义命名，如“老狼老狼几点了”“木头人”“卷爆竹”“穿越封锁线”等。

（五）编写体育游戏的基本格式

体育游戏的编写没有统一的格式和要求，但编写时要表达清晰、简单明了。常见的体育游戏格式包括游戏名称、游戏目标、游戏准备、游戏玩法及规则、适用年龄和活动建议等内容。

三、幼儿体育游戏的组织

（一）游戏前的准备工作

教师充分做好游戏前的准备工作是进行游戏活动的前提条件。首先，教师要深入了解游戏的目标、内容、玩法、规则等；其次，对幼儿情况也应做全面的了解和分析，了解班级幼儿的体质、能力、性格等，还要注意幼儿智力情况和心理动态，以便在游戏过程中进行全面教育。

热身运动是体育游戏前的必备环节，在游戏中幼儿身体哪个部位使用的频率高，在游戏前就应增强该部位的热身程度。教师在热身环节要选择节奏感强、轻快活泼的音乐，并创编一些与游戏相关的简单动作，吸引幼儿积极参与游戏活动。此外，幼儿做游戏前，教师要排除场地、器械的安全隐患，帮助幼儿检查服装、鞋子是否合乎体育游戏的要求，做好游戏前的准备活动，使幼儿由平静状态逐渐过渡到活动状态。

（二）游戏场地器材的准备

教师需要在活动前根据体育游戏内容、参加人数和活动范围等情况，做好场地、器材的准备工作。场地宽敞、地面平整、标志清晰，玩具干净美观、色彩鲜艳，体育器械牢固、安全、数量充足，这些都是体育活动组织最基础的条件保障。此外，教师还可鼓励能力强的幼儿参与场地器材的准备工作，如摆放体育器械、收集活动所需材料等，以此培养幼儿热爱劳动、乐于为集体服务的品质，激发他们对即将进行的游戏的兴趣。

（三）游戏的组织

（1）游戏的集合。

在游戏时，教师应站在幼儿都能听得见和看得见的位置，用儿歌、游戏或其他信号（如铃鼓、哨子、手势等）把幼儿组织起来，幼儿集合时应避免迎风或面向太阳站立。

（2）游戏的讲解、示范。

讲解时要简明扼要、生动形象，既能激发幼儿学习游戏的兴趣，又能使幼儿对游戏有直观的印象。教师要深入到游戏情境中去，富有感染力，同时语言还应贴近幼儿，能被幼儿所理解和接受。对小班幼儿一般多采用边讲解、边示范的方式，对中班和大班幼儿，一般先讲解后示范，对于某些比较复杂的动作可以做分解动作示范，有时也可请能力强的幼儿示范。

(3) 分队或分配角色。

幼儿体育游戏可根据不同的游戏角色按性别分组，也可根据游戏规则随机分组，但要注意能力强弱和男女幼儿的搭配，合理地分配角色能充分发挥幼儿的积极性和主动性。小班一般是由教师担任主要角色，幼儿玩熟悉之后，可由能力强的幼儿担任。中班和大班的幼儿应根据实际情况来定，可根据幼儿某方面的特点分配角色，但要兼顾全面、公平，培养每个幼儿都能担任主要角色的能力。

(四) 游戏的指导

在游戏组织过程中，教师要注意以下几点：一是教师要合理安排游戏时长，把握适当的活动量。活动量太小，难以达到锻炼的目的，反之，有害于幼儿健康。一般根据幼儿在游戏中的精神情绪和完成动作的情况来判断运动量的大小，并根据幼儿游戏的具体情况调节活动量。如扩大或缩小游戏场地、延长或缩短游戏（休息）时长、增加或减少游戏组（人）数。二是提醒幼儿遵守游戏规则。教师在介绍游戏玩法时，要特别强调幼儿遵守游戏的规则。大多数幼儿不遵守规则时，教师要分析原因，规则不合理应及时停止游戏并修改规则。游戏的玩法和规则往往需要反复强调幼儿才能掌握，教师要经常在活动和游戏间歇时用语言提醒幼儿。三是注意安全。在游戏过程中，教师既要让幼儿玩得尽兴，又要保证幼儿做游戏时的安全。教师随时检查场地和器械是否安全，在游戏中给幼儿必要的保护和帮助，尤其关注年龄小、体弱、胆小和动作迟缓的幼儿，提醒幼儿注意安全，教会幼儿一些自我保护的方法。四是游戏结束后，可通过安静活动放松幼儿身心，使幼儿身心逐渐平静下来。同时，做好游戏小结，对此次游戏进行全面与重点相结合的讲评（以鼓励为主），激发幼儿下次继续做游戏的兴趣。离开场地前，教师应鼓励幼儿参与整理场地与器材的任务。

四、幼儿体育游戏组织中的常见问题

体育游戏在幼儿发展过程中有重要的作用，体育游戏是幼儿园体育教学的重要方式，但目前在体育游戏组织过程中还存在一些问题。

(1) 新教育理念下，教师对体育游戏认识不够，认为体育游戏就是让幼儿自由活动，由过去的高控状态转化为放任状态，游戏组织过于“游戏化”，导致体育游戏流于形式，不能起到锻炼的效果。如组织幼儿玩丢手绢、滑滑梯、吹泡泡等游戏或在院子里走走、跑跑，进行追逐、嬉戏、打闹或一些简单的动作练习等。

(2) 教师在游戏组织过程中顾虑太多，过多关注幼儿安全，限制幼儿活动，幼儿缺少自主探索性。

(3) 教师在游戏组织的过程中，对基本动作的技能技巧、游戏活动的组织思考较少，完全按照教师指导用书的安排开展活动，忽视幼儿的具体情况和幼儿园的实际，缺乏对幼儿的观察以及调整游戏的能力。

（4）教师在组织幼儿体育游戏的活动中，对活动目的比较盲目，不懂得科学安排活动密度，出现幼儿运动量不足或超负荷现象。

（5）游戏组织活动单一，准备材料较少，幼儿游戏等待时间较长。

五、幼儿体育游戏组织的优化策略

（1）教师要加强学习，多阅览体育游戏的相关书籍，增加自身专业知识，创设情境或将故事、儿歌、音乐等融合到游戏中，调动幼儿参与游戏的积极性。在体育游戏创编、设计过程中，考虑幼儿发展水平的不同，组织不同层次的游戏，照顾幼儿的个体差异，确保其身体素质得到全面发展。

（2）教师做好活动的安全保障工作，活动前排除不安全因素，讲清游戏的规则和要求，加强安全教育，增强幼儿自我保护意识。活动时教师观察、巡视，发现玩法不当或危险行为时应积极引导幼儿领悟安全玩法，而不是限制幼儿活动。

（3）在借鉴教师指导用书时，要注意自我创新，依据当地的本土特色以及幼儿园的实际情况，科学地优化活动设计。

（4）教师在组织幼儿体育游戏时，要遵循幼儿的年龄特点、身心自然发展规律，遵循循序渐进、科学性、教育性原则，根据幼儿自身状况、活动情况，及时调整游戏规则，合理控制幼儿运动量。

（5）尊重幼儿的主体性，着力培养幼儿自主能力和创造能力。教师在组织体育游戏时，要因势利导，鼓励和支持幼儿创造游戏规则和玩法，并从旁观察和指导，积极引导幼儿达到更完美的游戏结果，使游戏更具有可操作性和科学性，从而增强幼儿的自信心，促进幼儿创造性和自主性的发展。如“花样玩纸球”活动，先让幼儿自主探索，比赛谁的玩法多；尝试探索别人玩纸球的方法；根据教师提供绳、棒、圈等辅助材料，引导幼儿创造出如“赶小猪”“打球”“套球走”等各种饶有趣味的新玩法。

案例

（一）病毒大作战

1. 游戏名称：病毒大作战

2. 游戏目标

（1）练习四散跑和改变方向跑，促进腿、脚肌肉的发展。

（2）培养自我保护意识及疫情防控意识。

（3）积极主动参加活动，从合作游戏中获得乐趣。

大班体育游戏：病毒大作战

2. 游戏准备

（1）经验准备：幼儿学会正确佩戴口罩和7步洗手法。

（2）物质准备：空旷场地画几个圆圈，喷壶若干，测温仪1把，“病毒”，医生、护士服饰。

3. 游戏玩法

幼儿通过安全圈躲避病毒，拿到放在终点的消毒工具，一起消灭病毒。

4. 游戏规则

（1）一个安全圈只能站一个幼儿。

（2）幼儿一次只能拿一个消毒工具。

（3）游戏中被病毒碰到的幼儿，要进入隔离区，完成防疫小任务后方可返回游戏。

5. 指导建议

本游戏适用于5～6岁幼儿。

（二）旋风跑

1. 游戏名称：旋风跑

2. 游戏目标

（1）逐步提高幼儿奔跑和控制身体平衡的能力。

（2）体验合作带来的乐趣，增强合作意识。

（3）大胆表现自我，增强自信心。

3. 游戏准备

哨子1个，记牌器1个，竹竿2根，空旷场地。

4. 游戏玩法

幼儿4人一组同持一根竹竿，以“S”形路线奔跑前进，两组同时进行，最先返回起点的一组为获胜组。

5. 游戏规则

（1）竹竿不能落地。

（2）按规定路线游戏。

6. 指导建议

（1）本游戏适用于5～6岁幼儿。

（2）为了保证幼儿安全和游戏水平，场地要足够宽阔。

第四节　亲子体育游戏

亲子体育游戏是指父母与子女之间或祖父母与孙子女之间的游戏行为，它是以孩子为主体，父母为主导，以家庭为单位进行的。亲子体育游戏是幼儿游戏的一种重要形式，也是亲子互动的一种重要方式。亲子体育游戏是家长和孩子共同参与的活动，对发展幼儿基本动作、增强幼儿体质、加强沟通、增进亲子情感具有很大的作用。

一、亲子体育游戏的特点

（一）能够启发孩子的智慧

设计的游戏活动既能够利用和发挥孩子现有的能力，又能够引导和发展他们新的能力。

（二）家长和孩子平等地参与到游戏当中

做亲子游戏时，家长不能高高在上、指手画脚，应当以参与者的身份进行游戏，与孩子处于平等的地位。

（三）游戏的形式应该注重相互配合，家长能自然而然地引发孩子智能的发展

设计的游戏应让孩子积极主动寻求家长的帮助和配合，在配合的过程中，家长就可以教给孩子一些知识和技巧。

（四）游戏的整个过程要能够给孩子和家长双方都带来乐趣

在亲子游戏的过程中，应当让孩子感受到游戏的乐趣，能够发挥孩子的能力，使孩子的潜能不断地开发出来，家长也能从中感受到与孩子互动的乐趣。

二、亲子游戏案例

（一）单一类游戏案例

1. 会跑的背篓

游戏目标：锻炼孩子双手轮换投掷的协调性和准确性；提高孩子的反应能力。

游戏准备：纸团或绒布球若干，背篓 1 个，场地上分别画直径为 1 米和 3 米的内外两个圆圈。

游戏玩法：

（1）爸爸、妈妈、孩子猜拳决定一人背篓，其余两人作为投掷者。背篓者站在内圆圈里面，投掷者站在外圆圈上。

（2）游戏开始，两位投掷者设法向背篓内投掷纸团或绒布球，背篓者在内圆圈里面走动躲闪，防止对方把纸团或绒布球投入背篓内。三人互换角色游戏，在规定时间内，背篓里的纸团或绒布球少者为胜者。

2. 猫捉老鼠

游戏目标：锻炼幼儿的反应能力和奔跑能力。

游戏准备：分别画有猫、老鼠和老鼠洞的图片 3 张，场地上画直径为 1 米的圆圈 3 个。

游戏玩法：

（1）将 3 张图片分别揉成团儿，放在地上，爸爸、妈妈、孩子各抓一个纸团儿分别站在 3 个圆圈里。

（2）抓到“老鼠洞”的人原地不动，并举手高喊“老鼠洞”，同时，“猫”迅速跑去抓“老鼠”，“老鼠”则立即向“老鼠洞”的方向跑，看谁反应快、跑得快。游戏重复进行。

3. 波浪球

亲子游戏：
波浪球

游戏目标：

（1）锻炼幼儿全身动作的协调性和灵活性。

（2）培养幼儿的合作意识。

游戏准备：皮球 1 个。

游戏玩法：

（1）孩子、爸爸、妈妈面向同一方向站成一竖排，三人前后相距适当的距离，腿同时左右开立，孩子持球当排头。

（2）游戏开始，孩子双手将球从胯下传给后面的爸爸，爸爸拿球经头顶向后传给妈妈，妈妈接球后快速跑到前面当排头，游戏重复进行。

4. 摘果子

游戏目标：

（1）锻炼幼儿的下肢力量和弹跳能力。

（2）培养幼儿的劳动意识。

游戏准备：水果图片若干，并用曲别针别在细绳上。

游戏玩法：

（1）爸爸、妈妈分别抓牢挂有水果图片的绳子的一端，并举到适当的高度，表示果园。

（2）孩子提着篮子来到“果园”，用力跳起摘果子，把摘到的果子放进篮子里。游戏重复进行。

（二）一物多玩游戏案例

1. 猴子摘桃（适宜年龄：3～4 岁）

游戏目标：练习双脚不同形式的跳跃方法，培养幼儿腿部力量及动作的协调性和灵活性。

游戏准备：“桃子”（酸奶、小毛绒玩具、毛线团、各种水果均可），包装纸袋，绳子。

游戏玩法：

玩法一：小猴跳跳。

家长将“桃子”拿在手上，随着手的高度不断变化，孩子尝试通过跳高的方法摘“桃子”。

玩法二：过小桥摘桃。

幼儿双脚跳在纸袋上，并将身体后面的纸袋移到前方，以此类推跳至终点，跳起摘“桃子”。

玩法三：跳石板摘桃。

幼儿从起点出发，跳过用纸袋和绳子摆好的“石板”，双脚先跳上纸袋，然后叉腿跨越绳子，动作交替跳至终点，跳起摘“桃子”。

2. 百变趣味罐（适宜年龄：3～4 岁）

游戏目标：训练身体平衡和协调能力。

游戏准备：奶粉罐（易拉罐）、纸棒。

游戏玩法：

玩法一：过小河。

将罐子摆成一排充当小桥，幼儿双手侧平举，从一端走到另一端。

玩法二：运送员。

两人背对背站立，用后背夹住罐子，相互挽起胳膊，学螃蟹横着走向终点，并用罐子垒高。

玩法三：跳跳乐。

罐子在右侧摆一排，纸棒互相平行并拉开间距摆放于罐子的左侧，幼儿跳过纸棒，将右边的罐子放置左边，依次向前行进，跳一次摆一次罐子，到达终点后家长以同样的动作返回至起点。

3. 翻山越岭（适宜年龄：4～5 岁）

游戏目标：锻炼腿部肌肉力量。

游戏准备：较为宽敞的地面铺上垫子、绳子、纸卷、棒子、玩具（书、枕头等）。

游戏玩法：

玩法一：跋山涉水。

幼儿站在绳子中间，手脚交替向前爬行，身体不能触碰到绳子，膝盖不着地面，爸爸在绳子尽头做俯卧撑运动，孩子从爸爸身下爬过去再从背上返回来（可引导幼儿创新不同的行进动作）。

玩法二：跳动的豆子。

幼儿随着家长有节奏地做双脚的开合动作，灵活跳跃。

玩法三：顶天立地。

幼儿模仿小动物的动作跳过障碍物，到达终点后，仍模仿小动物的动作用力跳起多次，每次跳起要把头顶到家长手掌。

4.“纸”上练兵（适宜年龄：4～5 岁）

游戏目标：训练身体平衡能力和耐力，手眼协调能力。

游戏准备：卷筒纸（抽纸）、纸片（纸牌）、标明起点和终点的较宽阔场地。

游戏玩法：

玩法一：顶碗运弹。

将卷筒纸摆成间距适当的“S”形路线，口令发出后，参与者头顶卷筒纸以“S”形绕卷筒纸跑，纸不能落地，比比谁用时最短。

玩法二：空中飞碟。

参与者头顶卷筒纸，并抛出一卷纸攻击对方，对方进行躲闪（或抛接），可增加间距和抛扔高度以增加游戏难度。

玩法三：抢夺宝藏。

参与者两腋窝间分别夹一卷纸，口令发出后开始抢对方的卷筒纸并保证自己的纸不被抢走，且不能掉落，比比谁先击败对方。

玩法四：虎口拔牙。

将纸片横向摆排，并分别压上卷筒纸。口令发出后，参与者从起点开始取出压在卷筒纸下的纸片，并将卷筒纸进行纵向（调换原来的方向）摆放，返回时再将纸片放回卷筒纸下面，比比谁所用的时间最短。

玩法五：投掷手榴弹。

参与者在起点处双脚夹起一个卷筒纸向前抛出，击中一定距离处垒高的卷筒纸，比比谁的命中率最高。

玩法六：虫虫爬爬乐。

将卷筒纸摆成两条直线，参与者四肢着地，手脚分别在路线两侧，身体悬空不能碰到卷筒纸，从起点爬至终点，再爬回起点，比比谁先到。

参与者手脚各抱一个卷筒纸，手膝着地向前爬行，从起点爬至终点再返回，注意卷筒纸不能掉落，比比谁先到。

5. 花样抛接（适宜年龄：5～6 岁）

游戏目标：掌握抛接不同物体的基本方法，锻炼幼儿手眼协调能力及快速反应能力。

游戏准备：方形抱枕、塑料袋、小椅子。

游戏玩法：

玩法一：手疾眼快。

旋转式向上抛起抱枕，然后接住，幼儿可以一个人玩，也可以和爸爸妈妈一起合作玩。

玩法二：枕头作战。

家长和幼儿相向站立，一方右手拿枕头，旋转抛向对方，对方接住枕头。

玩法三：接云朵。

将塑料袋球垂直向上抛起，用跑、双脚跳、单脚跳的不同形式到达对方的位置，接住即将向下掉落的塑料袋球。

6. 百变纸球（适宜年龄：5～6 岁）

游戏目标：训练走、跑、跳等基本动作，锻炼四肢力量和耐力。

游戏准备：废纸团成的球（毛线团、毛绒玩具）。

玩法一：跳跳球。

将纸球摆成间距适当的直线，参与者站在起点从球的左侧跳至右侧，依次交叉向前跳，行进至终点。

参与者同向站立，一方拿起纸球 180 度旋转交至另一方，另一方接着 180 度旋转放置纸球，依次传递纸球。

玩法二：夹夹球。

参与者双脚夹住纸球完成运球、接力运球、90 度摆腿运球三项任务。

玩法三：揪尾巴。

将纸球绑上绳子，绳子一端塞进裤子里当作尾巴，在规定区域内追逐游戏，保护好自己尾巴的同时想办法抢走对方的尾巴。

玩法四：平衡球。

在地上用绳子随意摆一个封闭式图形，参与者手拉手，把纸球放在两人手上（肩上），一起沿着绳子的线条走，直到把图形的线条全部走完，游戏结束。

本章小结

在众多种类的游戏中，体育游戏因具有趣味性、锻炼性、规则性、综合性而深受幼儿的喜爱。幼儿体育游戏有利于幼儿身体发育和动作发展，有利于幼儿智力的发展，有利于幼儿意志品质的培养，有利于幼儿美感的培养。教师要了解各年龄段幼儿体育游戏的特点，掌握体育游戏创编的方法。

实训内容

1. 熟悉掌握幼儿体育游戏的指导要点。

2. 以小组为单位，设计一个关于幼儿体育游戏或亲子游戏的方案，写出游戏玩法和规则，并进行试讲。

3. 小组讨论：创编体育游戏的方法有哪些？组织时需要注意哪些问题？

同步练习

1. 创编幼儿体育游戏需要遵循哪些原则？

2. 创编幼儿体育游戏的主要方法有哪些？

3. 幼儿体育游戏的特点是什么？

第六章　民族民间体育游戏

【学习目标】

- 理解民族民间体育游戏的价值。
- 熟悉民族民间体育游戏的特点。
- 掌握民族民间体育游戏的内容。
- 知道如何在幼儿园开展民族民间体育游戏。

【任务导入】

- 结合所学理论知识，组织学生到幼儿园观察民族民间体育活动，比较不同年龄段幼儿的游戏有何不同。
- 对幼儿园教师进行访谈，了解幼儿园小、中、大班民族民间体育游戏开展的内容。
- 回忆一个你小时候玩过的民族民间体育游戏，分析其对幼儿发展的价值。

第一节　民族民间体育游戏概述

民族民间体育游戏是指在民间各地以及各民族幼儿的生活中广泛流传，具有浓厚的生活气息和民族气息，已经成为代代传承的传统游戏。民族民间体育游戏往往材料简单或自制材料，趣味性强、简单易学，同时兼有运动性、游戏性、文化性等多种特点。如许多生于20世纪七八十年代的人小时候经常玩的游戏“跳皮筋”，只需要一根皮筋，通过变换跳法和皮筋高度等，就能衍生出多种有趣的玩法，孩子们跳得满头大汗，仍然乐此不疲，百玩不厌。

在幼儿园中合理引入民族民间体育游戏，不仅可以使幼儿园的体育活动更加丰富多彩，增强幼儿体质、发展幼儿创造力，而且还能增加幼儿对民族民间传统文化的了解，弘扬和发展我国优秀传统文化，促进幼儿全面发展。

一、民族民间体育游戏的价值

著名幼儿教育家陈鹤琴先生曾经说过：孩子的知识是从经验中获得的，而孩子的生活本身就是游戏。游戏是儿童的天性，同时也是幼儿获取知识、技能、认识世界的最主要方式。民族民间体育游戏来源于生活，具有浓厚的民族特色和地域特色。充分发挥民族民间体育游戏的教育价值，有利于丰富幼儿园体育活动的内容，提高幼儿参与体育活动的兴趣，传承发展我国优秀传统文化，促进幼儿身心健康成长。

（一）开展民族民间体育游戏有助于幼儿健康成长

民族民间体育游戏不同于幼儿体育活动。前者形式较为自由，没有特定的计划和目的，娱乐性和趣味性较强，大多由幼儿自发组织；后者具有一定的教学计划和教学目标，大多由成人组织。因此，民族民间体育游戏可以让幼儿体验到运动的乐趣，感受同伴一起游戏的快乐，提高幼儿参与体育活动的兴趣和积极性。

民族民间体育游戏大多在户外进行，而且规则简单，几乎不需要什么材料就能进行，即使在经济条件较差的地区或幼儿园也可以开展。幼儿在户外参加民族民间体育游戏时，不仅可以锻炼基本动作，如走、跑、跳、投掷、钻爬等，还能锻炼肢体的平衡性、协调性以及灵敏性，如“跳皮筋”“丢沙包”等游戏，幼儿通过在游戏中的跳跃、奔跑和躲闪，锻炼了肢体的大肌肉力量，以及身体的反应能力。“木头人”游戏，锻炼了幼儿的自我控制能力。

（二）开展民族民间体育游戏有助于幼儿心理的健康发展

民族民间体育游戏规则简单、趣味性强，能极大地激发幼儿参与体育游戏的兴趣。民族民间体育游戏同时具有一定的竞争性，每个参与游戏的幼儿都有可能要面对失败，如“青蛙赛跑”“拍纸片”等游戏都是有输赢的游戏。由于游戏本身的趣味性深深吸引着幼儿，幼儿想要继续玩游戏就会不断地突破自己，争取在下次游戏中取得胜利，从而锻炼了幼儿的意志品质，培养了幼儿的抗挫折能力。幼儿在游戏中，通过不断练习，游戏水平不断提高，幼儿获得更多的成功体验，从而建立自信，这有助于幼儿健康心理品质的发展。

（三）开展民族民间体育游戏有助于幼儿社会性的发展

现在的幼儿大多是独生子女，经济条件优越，缺乏同伴交往的机会，容易形成以自我为中心。民族民间体育游戏需要和同伴一起才能完成，这就意味着幼儿需要走出家门，与同伴发生互动，并学会与他人协商、遵守规则等。如在“老鹰捉小鸡”的游戏中，幼儿需要与同伴协商谁当“老鹰”、谁当“鸡妈妈”、谁当“小鸡”。如果大家都觉得“老鹰”特别厉害，都想当“老鹰”，没人愿意当“小鸡”，游戏就没有办法进行下去。因此，在这个过程中，幼儿通过与他人协商，知道并不是每个人都和自己想的一样，有利于幼儿“去中心化”，并学会轮流、分享与合作，促进幼儿社会性的发展。

（四）开展民族民间体育游戏有助于幼儿创造性的发展

当代幼儿的游戏材料大多直接从商场买来，各种声、光、电的玩具充斥着幼儿的生活。这些玩具大多玩法单一，禁锢了幼儿的思维。民族民间体育游戏所使用的材料大多比较简单，且大部分游戏材料是需要幼儿自己动手制作的。幼儿在制作游戏材料的时候，需要动手、动脑，并且需要反复验证用什么材料最适合，从而激发幼儿更多的想象力和创造力。如幼儿在制作“毽子”的时候，可以用羽毛、绳子、纸等多种材料，通过实践验证，最终发现哪些材料更适合做“键子”，甚至在此过程中创造出更多新的玩法，让游戏变得更加有趣。

二、民族民间体育游戏的特点

民族民间体育游戏源于中国民间，具有健身性、娱乐性等多种优点，能激发幼儿自主游戏的兴趣，吸引幼儿主动参与，增强幼儿体质和创造力，是我国优秀的传统文化之一。

（一）健身性

民族民间体育游戏流传于人们的生活之中，内容和形式都十分丰富，多数游戏能够锻炼幼儿的动作、身体协调性以及灵敏性。如游戏“滚铁环”，幼儿通过一根带钩的棍子推动铁环向前滚动，幼儿跟随铁环向前跑，不知不觉中跑得满头大汗，还乐此不疲。在此过程中，幼儿不仅锻炼了跑的技能，还提高了身体的协调性。再如游戏“丢沙包”，幼儿为了赢得游戏，用力把沙包打到中间的幼儿身上，锻炼了投掷能力，中间的幼儿为了躲避沙包，锻炼了躲闪跑和身体的反应能力。

（二）趣味性

民族民间体育游戏能够一代代流传下来，很重要的一个原因是其具有很强的趣味性和娱乐性。民族民间体育游戏的内容来源于生活，形式活泼、轻松，往往伴随朗朗上口的儿歌，深受小朋友们的喜爱。如“跳皮筋”时念的儿歌：“小汽车，嘀嘀嘀，马兰花开二十一，二八二五六，二八二五七，二八二九三十一，三八三五六，三八三五七，三八三九四十一……九八九五六，九八九五七，九八九九一百一！”小朋友们投入其中，边玩边唱，不知疲倦。

（三）随意性

民族民间体育游戏不需要专业的活动场地和设备，游戏规则简单、形式灵活多变，且活动材料简单易得、价格低廉，大多来源于日常生活或自制材料，即使没有材料，幼儿也很容易找到替代物，随时随地就能进行游戏。如游戏“跳格子”，没有粉笔画格子，幼儿就随便在地上捡一块石头代替。因此，民族民间体育游戏的开展特别容易，只需要三三两两的幼儿对游戏感兴趣，快乐地投入其中即可。

（四）灵活性

民族民间体育游戏不受时间和场地的限制，游戏规则灵活多变，一种游戏可以有多种玩法。幼儿可以根据场地、材料、人数等条件，灵活地选择合适的游戏来开展。

（五）地域性

中国是一个地域广阔的国家，“一方水土养一方人”。民族民间体育游戏受地域、环境的影响较大。比如“赛龙舟”等水上运动多流行于江浙一带有山有水的地区；而“滚铁环”等奔跑类的游戏流行于北方平原适合奔跑的地区。

（六）民族性

中国民族众多，每个民族都有其独特的民俗和文化。民族民间体育游戏是民族文化的一种体现，反映了当地民族的生活习性、风俗文化、语言等，具有强烈的民族特色。如蒙古族的“摔跤”游戏、朝鲜族的“顶罐走”、藏族的“响箭”等体现了我国少数民族人民的生活习性和民族特色。

三、民族民间体育游戏的内容

（一）民族体育游戏

1. 踩高跷（汉族）

幼儿两只手抓住高跷手柄，一只脚先踩上去，找好平衡点再把另一只脚踩上去，两只腿贴着高跷的柄，保持身体平衡，双脚交替往前走。教师也可以在地上设置一些障碍物，让幼儿踩着高跷绕过障碍物走。

2. 顶罐走（朝鲜族）

首先设置一个起点线和终点线。幼儿在起点线站好，当老师发出“走”的指令时，幼儿迅速将罐（可用其他物品代替）放到头顶上，并快速往终点线走去，最快走到终点线的幼儿获胜。行走过程中如罐从头顶跌落，则退出比赛。教师也可以设置障碍物，以增加比赛的难度。

3. 青蛙赛跑（傣族）

将幼儿分成人数相等的两组，排成两纵队站在起始线后面。教师发出“开始”的指令后，排在两纵队最前面的两个幼儿开始向前跳跃，到达终点线后，再返身回跳，快跳到起始线时，用手拍第二名幼儿。第二名幼儿重复第一名幼儿的动作，哪一队先跳完哪一队就赢得了比赛。注意青蛙跳的过程，要两腿打开，同时蹬地，同时落地，双臂同时向前伸，同时收回，像一只青蛙一样。

4. 跳花盆（白族）

两名幼儿当“花盆”，相对而坐。游戏开始，“花盆”依次用单腿、双腿单手、双腿双手搭出不同高度的障碍，让大家通过助跑依次从上面跳过去，如果身体碰到“花盆”，就不能再跳。幼儿之间互换角色，依次进行游戏。

5. 跳竹竿（黎族）

两名幼儿双手分别握住两根竹竿的一头，蹲地，用“开开合合”的节奏打竹竿。“开”即把两根竹竿打开，“合”即将两根竹竿并拢。跳竹竿的幼儿在“开开”的节奏时，将左右脚同时跳进竹竿里，在“合合”的节奏时，将双脚分开跳出竹竿外，幼儿依次轮流跳。

6. 雄鸡斗架（彝族）

在地上画一个直径为 2 米的圆圈，两名幼儿蹲着进圈，互相用手推对方，谁使对方的手、臂部先着地，谁就取得了胜利。在游戏中，幼儿不能站、跑、坐，也不能出圈或踩线，否则就被淘汰。

（二）民间体育游戏

1. 编花篮

幼儿以 4～6 人为一组，每人抬起一条腿，搭到另外一名幼儿的腿上，组成一个“花篮”，一只手搭在前面一个小朋友的肩膀上（见图 6－1）。幼儿用另外一条腿单脚往前跳，一边跳一边唱歌谣：“编、编、编花篮，花篮里面有小孩，小孩的名字叫花篮。”幼儿要互相借力保持身体平衡。

图 6-1　编花篮

2. 木头人

一名幼儿蒙住眼睛背对着大家，当“木头”，其余幼儿在蒙眼幼儿身后间隔一段距离站立。大家一起说：“我们都是木头人，不许说话不许动，不许走路不许笑”。说歌谣的时候，“木头”原地不动，其身后的幼儿往前走。当歌谣结束时，“木头”迅速回头，这时不管幼儿是什么姿势，都必须保持不动，也不能发出声音。如果有幼儿忍不住笑了或动了，这个幼儿就被淘汰了。

3. 跳房子

用粉笔在地上画出几个格子。幼儿站在格子外面，把沙包丢到第一个格子里面。幼儿单脚跳到第一个格子里，双脚夹住沙包跳起来，把沙包扔到第二个格子里，再单脚跳入第二个格子，重复以上玩法，直到所有的格子全部跳完（见图 6-2）。最后双脚夹住沙包往上扔，并用手接住。注意在跳格子的时候，沙包和幼儿的双脚也不能碰到格子四周的线。

图 6-2　跳房子

4. 翻花绳

“翻花绳”也叫“编花绳”，把一根棉绳两端打结做成绳圈，套在幼儿双手的手

图 6-3　翻花绳

指上，在空中撑开。幼儿通过手指的穿、交错、缠绕等手法，使绳子变换出各种花样。双人玩法：一个幼儿用手指将绳子编成一种花样，另一个幼儿用手指接过来，翻成不同的花样，相互交替，直到不能再翻下去为止（见图 6-3）。

5. 拍纸片

用旧书本、报纸、包装纸等折成厚薄不同的正方形或三角形纸包。一名幼儿扔一个纸包在地上，另一名幼儿拿出自己的纸包，用力拍地上的纸包，靠拍的力度和角度把地上的纸包掀翻。两名幼儿轮流拍对方的纸包，如果把对方的纸包拍翻面了，对方的纸包就归该幼儿所有。

6. 炒黄豆

两名幼儿面对面，互相牵着双手站好。幼儿一边念儿歌一边跟随儿歌的节奏左右摇摆手臂做炒黄豆动作。儿歌："炒、炒、炒黄豆，炒好黄豆翻跟头"。当念到"翻"字时，两名幼儿同时把一侧拉着的手举过头顶，翻转至背对背站好。以同样的方式重复下去，注意幼儿的手要拉在一起，不能断开。

7. 跳皮筋

将一条长皮筋的两端打结，两名幼儿站在两侧把皮筋抻起来，其他幼儿按规则完成动作。皮筋的高度从脚踝到膝盖，再到腰、胸、肩、头顶等，难度越来越大。跳皮筋的幼儿只能用脚碰皮筋，不许用手。中途没跳好就换下一个人跳，依次轮流。

8. 跳大绳

一种玩法是：两名幼儿站在两端摇长绳，其他幼儿在绳子的一侧排成一队，一个跟着一个跳绳，每名幼儿跳一下跑开，摇绳的节奏可以慢慢加快，如果幼儿跳坏了就被淘汰。另一种玩法是：两名幼儿站在两端拿着绳子不摇，视绳子的长度，里面站若干幼儿，幼儿统一站到绳子的一侧。两端的幼儿开始摇绳，没跳过去的幼儿被淘汰出局。

四、如何在幼儿园开展民族民间体育游戏

《纲要》指出：开展丰富多彩的户外游戏和体育活动，培养幼儿参加体育活动的兴趣和习惯，增强体质，提高对环境的适应能力。具有传统文化底蕴的民族民间体育游戏，是最贴近儿童生活的民俗文化之一。民族民间体育游戏具有健身性、娱乐性、随意性、灵活性等多种特点，它不受场地、材料、人数的限制，具有较强的趣

味性。因此，在幼儿园开展民族民间体育游戏，不需要很多财力的投入，是一种简单有效地增强幼儿体质的途径。目前，我国幼儿的自由游戏时间严重不足，再加上独生子女家庭没有兄弟姐妹，幼儿缺乏玩伴，电子产品越来越多地占据了幼儿的生活。因此，结合民族民间体育游戏趣味性强、简单易操作、具有群体性等特点，在幼儿园中推广民族民间体育游戏是非常有必要的。

（一）重组民族民间体育游戏的材料

民族民间体育游戏所使用的材料大多来源于生活或自制材料，经过时代的变迁，人们的生活方式早已发生了翻天覆地的变化，在现代幼儿的生活中已经无法找到一模一样的材料。幼儿园给幼儿提供的游戏材料必须满足无毒无害、健康安全等条件，因此，幼儿园在进行民族民间体育游戏时，可寻找一些替代材料，或对游戏材料进行加工和创新。如传统的游戏“丢沙包”，沙包的外形一般是正方体，里面装的是沙子。这类材料较为单一，不能满足不同年龄幼儿学习与发展的需要。因此幼儿园在进行“丢沙包”游戏时，需要根据孩子的年龄和兴趣进行创新。为了使沙包的重量适合不同年龄段的幼儿，可以在沙包里面装旧布条、荞麦皮、小木块、大米、大豆等物品；沙包的外形也可以是三角体、长方体等多种形状；缝沙包的布可以是棉布、麻布、丝绸等不同触感的布料。

（二）创新民族民间体育游戏的玩法

不同时代的幼儿，所受环境的影响不同。把民族民间体育游戏整合到幼儿园课程中，加强对民族民间体育游戏的开发和创新，可以使民族民间体育游戏更加贴近幼儿的生活，最大化地发挥民族民间体育游戏的价值。如幼儿在玩“跳房子”游戏时，不满足于传统的玩法，而是画出各种各样的房子，高高的楼房、蘑菇房子、云朵房子等，并探索出不同的跳法；在游戏“老狼老狼几点了”中，幼儿通过角色扮演“灰太狼”和羊村的“小羊”们，游戏起来更有代入感，更加投入。孩子们在探索、思考中尽情享受创新游戏的快乐。教师通过不断地优化、开发民族民间体育游戏，激发幼儿的想象力和创造力；通过对游戏进行再创造，产生多种创新玩法，让幼儿体验成功的快乐。

（三）挖掘民族民间体育游戏的教育价值

民族民间体育游戏包括对幼儿身体方方面面的锻炼，如练习幼儿走、跑、跳、钻爬、投掷等技能，同时锻炼了幼儿身体的反应能力、动作的协调性以及灵敏性，增强幼儿体质。在游戏“编花篮”中，教师可以由易到难地变换不同的动作内容，如拍手、跺脚、蹲下、起立、转圈、弯腰等，锻炼和提高幼儿身体的灵敏性和协调性。在“踩高跷”的游戏中，可以逐渐提高“高跷”的高度，锻炼幼儿身体的平衡能力和协调性。同时，教师要充分挖掘民族民间体育游戏在幼儿社会性、想象力和创造力发展方面的价值，促进幼儿的全面发展。

第二节　民族民间体育游戏教学案例

一、游戏：揪尾巴

1. 游戏目标

(1) 发展幼儿的肢体协调性及动作灵敏度。

(2) 在活动中增强自我保护意识。

(3) 体验团队合作的乐趣。

2. 游戏准备

毛巾若干条，平坦的空场地。

3. 游戏规则与玩法

(1) 每个幼儿在裤子后面扎一条毛巾，把毛巾当“尾巴”。

(2) 尽量多地去揪对方的“尾巴”，同时保护自己的“尾巴”不要被揪掉。

(3)“尾巴”被揪掉者退出游戏。

(4)“尾巴”没被揪掉者获胜。

创新玩法 1：踩尾巴。

每个幼儿在身后扎一条长长的拖到地上的“尾巴”。幼儿互相跑着去踩别人的“尾巴”，同时要注意自己的“尾巴”不要被踩到。被踩掉“尾巴”的幼儿退出游戏，“尾巴”没有被踩掉的幼儿获胜。

创新玩法 2：撕标签。

每个幼儿给自己起一个有趣的标签，如“战神”“奥特曼”等，贴到自己的后背上。幼儿可以分组也可以各自为政，互相跑着去撕掉对方身上的标签，同时要注意自己身上的标签不要被对方撕下。最后，被撕掉标签的幼儿退出游戏，没有被撕掉标签的幼儿获胜。

4. 指导建议

教师可通过示范明确游戏规则。根据幼儿的实际水平和能力，增加游戏难度，增加游戏的挑战性。游戏中提醒幼儿控制好速度，避免撞到他人，注意安全。

二、游戏：石头、剪刀、布

1. 游戏目标

(1) 学习用脚玩“石头、剪刀、布”，发展肢体的协调性。

（2）在游戏中练习反映的灵敏性。

（3）体验同伴游戏的快乐。

2. 游戏准备

空场地。

3. 游戏规则与玩法

石头、剪刀、布

（1）握紧拳头代表“石头”；握紧拳头的同时把食指和中指伸直，代表“剪刀”；手掌张开、五指伸直代表“布”。

（2）两个幼儿面对面握紧拳头，一起念“石头、剪刀、布”。在说最后一个字“布”的时候，两个幼儿同时出示自己事先想好的手势。

（3）如一个幼儿出示“布”，另一个幼儿出示“剪刀”，则出示“剪刀”的幼儿获胜；如一个幼儿出示“石头”，另一个幼儿出示“剪刀”，则出示“石头”的幼儿获胜；如一个幼儿出示“剪刀”，另一个幼儿出示“布”，则出示“剪刀”的幼儿获胜；如双方的手势一样，就是平局。

（4）一般情况下游戏可重复多次，如三局两胜或五局三胜等。

创新玩法 1：用脚玩“石头、剪刀、布”。

双脚并拢代表“石头”；两脚一前一后代表“剪刀”；两脚一左一右代表“布”。两个幼儿两脚并拢面对面站立，一起念“石头、剪刀、布”，在说最后一个字“布”时，两个幼儿同时跳起来并在双脚落地的时候表示“石头”、“剪刀”或“布”。如果两人动作一样就重来。

创新玩法 2：3 个人玩“石头、剪刀、布”。

3 个小朋友呈三角形位置站立，3 个人一起喊“石头、剪刀、布”，在说最后一个字“布”的时候，3 个幼儿一起跳起来，并在双脚落地的时候表示“石头”“剪刀”“布”。双脚位置和别人不一样的幼儿获胜。如果 3 个幼儿的动作一样，或者 3 个幼儿分别出示“石头”“剪刀”“布”就重新来。最终只有一个幼儿获胜。

4. 指导建议

用脚玩“石头、剪刀、布”时，教师要规范幼儿双脚的位置，示范游戏规则。教师要及时调整幼儿对输赢的态度，引导幼儿体验游戏的快乐

三、游戏：老鹰捉小鸡

1. 游戏目标

（1）发展行动的敏捷性和反应能力。

（2）练习躲闪跑。

（3）体验与他人合作的乐趣。

2. 游戏准备

空旷的场地。

3. 游戏规则与玩法

（1）一名幼儿扮演“老鹰”，一名幼儿扮演“鸡妈妈”。“老鹰”和“鸡妈妈”面对面站立。

（2）“小鸡”们在“鸡妈妈”身后排成一队，后面的“小鸡”拉住前面“小鸡”的衣服，排在最前面的“小鸡”要拉住“鸡妈妈”的衣服。

（3）“老鹰”在“鸡妈妈”前面左右跑，伺机抓住鸡妈妈身后的“小鸡”。“鸡妈妈”边左右跑，边张开双臂，挡住“老鹰”的抓捕。

（4）若“小鸡”被抓到，则退出游戏。

（5）幼儿可交换角色，轮流当“老鹰”或“鸡妈妈”。

创新玩法1：“回鸡窝”。

“老鹰”在快抓住“小鸡”时，“小鸡”可以选择蹲下，蹲下即“回鸡窝”。“老鹰”不能抓“回鸡窝”的“小鸡”，只能抓跑着的“小鸡”。

创新玩法2：两个“鸡妈妈”。

为了增加游戏的难度，可以增加一名“鸡妈妈”。两个“鸡妈妈”并排和“老鹰”面对面站着保护小鸡。“老鹰”想抓住“小鸡”就更加困难了。

4. 指导建议

教师可通过示范明确游戏规则，提醒幼儿躲闪跑时保护自己。为了幼儿的安全，游戏时注意控制游戏人数，一般6～10人。

四、游戏：丢沙包

1. 游戏目标

（1）发展幼儿的投掷动作。

（2）在游戏中练习手眼协调和反应能力。

（3）体验合作的乐趣。

2. 游戏准备

重量适中的沙包一个。

3. 游戏规则与玩法

（1）选出两个丢沙包的幼儿，面对面站在前后两端。

（2）其余幼儿并排站到中间。

（3）站在一端的幼儿用力扔沙包，并努力把沙包打到中间的幼儿身上；站在另一端的幼儿捡起掉在地上的沙包，也把沙包打到中间的幼儿身上。

（4）中间被打中的幼儿被淘汰，接到沙包的幼儿可以加一条“命”，或者让已被淘汰的人复活。

创新玩法 1：四人丢沙包。

除了站在两端丢沙包的幼儿外，再增加两名站在左右两端丢沙包的幼儿。这样就变成了 4 个幼儿丢沙包。同一时间，有两个方向在进攻，中间幼儿躲避沙包的难度就加大了。

创新玩法 2：单双手接沙包。

站在中间的幼儿接沙包可分为单手接和双手接，单手接沙包和双手接沙包得到的“命”数量不同，此数量可由幼儿商量决定。

4. 指导建议

游戏人数最好在 6 人以上。教师详细讲解并示范游戏规则，根据幼儿的能力和熟练程度，适当增加游戏难度，鼓励幼儿用“命”换取同伴再次游戏的机会。

五、游戏：红灯绿灯小白灯

1. 游戏目标

（1）发展幼儿分散跑的技能。

（2）提高幼儿的快速反应能力和控制能力。

（3）体验同伴一起游戏的快乐。

红灯绿灯
小白灯

2. 游戏准备

平坦的空场地。

3. 游戏规则与玩法

（1）一名幼儿当“开灯人”，其他幼儿当“行人”。

（2）“开灯人”背朝着其他幼儿，站在终点线上。“行人”站在起始线上。

（3）“开灯人”大声念“红灯”“绿灯”“小白灯”，“行人”这时可以往前行走。当“开灯人”突然回头时，“行人”就要像木头人一样静止不动。如果“行人”控制不住而动了，就要回到起点，重新开始游戏。

（4）当“行人”走到“开灯人”身后时，拍一下“开灯人”，这时“开灯人”就赶紧转身去抓“行人”，被抓到的“行人”就扮演“开灯人”。如果没有抓到“行人”，那“开灯人”继续当“开灯人”。

创新玩法：两个“开灯人”。

当幼儿对这个游戏熟悉了之后，为了增加游戏难度，让游戏变得更具有挑战性，可以设置两个“开灯人”；或者设置障碍物，比如可以设置用来钻、爬等的障碍物，增加游戏的趣味性和难度。

5. 指导建议

教师通过示范明确游戏规则，当幼儿玩熟练之后，可以与幼儿讨论游戏的变化，增加游戏的难度和挑战性；提醒幼儿控制好分散跑的速度和力度，注意安全。

六、游戏：滚铁环

1. 游戏目标

（1）提高幼儿手眼协调能力。

（2）使幼儿形成灵巧的身体、强健的体魄。

（3）让幼儿体验运动的快乐。

2. 游戏准备

铁环，一根一端带钩的木棍或铁棍。

3. 游戏规则与玩法

（1）幼儿手持铁棍，把带钩的一端放到铁环的内侧，手握长柄的另一头。

（2）通过手部的力量，使铁环在地面上快速滚动，幼儿随着铁环的滚动快速奔跑，努力保持铁环平衡不倒。

（3）幼儿熟练之后，可将铁棍的钩子放到圆圈的外侧，手握长柄的另一头，推着铁丝圈向前滚动，幼儿随着铁环的滚动快速奔跑，努力保持铁环平衡不倒。

创新玩法 1：听指令滚铁环。

教师发布“向前”“向后”等指令，幼儿听到指令后，快速滚动铁环，并跑到指定地点。

创新玩法 2：绕障碍物滚铁环。

设置一些障碍物，幼儿需要滚动铁环绕过障碍物，顺利滚铁环通过障碍物，不影响他人，速度最快者获胜。

4. 指导建议

教师示范滚铁环的正确方法，提醒幼儿注意好滚铁环的力度；根据幼儿的实际水平设置障碍物，调整游戏的难度，增加游戏的挑战性。

七、游戏：切西瓜

1. 游戏目标

（1）提高幼儿快速跑的能力。

（2）使幼儿在游戏中学会轮流和等待。

（3）培养幼儿勇于挑战的精神。

2. 游戏准备

宽阔的场地。

3. 游戏规则与玩法

（1）一名幼儿当“切瓜者”。

（2）其他幼儿手拉手围成圆圈，即“大西瓜”。

（3）切西瓜的幼儿站在圆圈里，一只手伸直做出刀的形状，模仿切西瓜的动作，用来轻切拉成圆圈幼儿的手。

（4）全体幼儿一起念童谣：“切、切、切西瓜，西瓜西瓜哪里来，农民伯伯种出来。我把西瓜一切二，一切二!”

（5）当说到最后一句时，切到哪两个幼儿的手，这两名幼儿就松开手，快速向相反的方向绕“大西瓜”跑一圈，谁先跑到切口的地方，谁就来到圈内做“切瓜人”，游戏继续。

创新玩法：在“西瓜”外面设置障碍物，如铺上垫子、搭上拱桥，被切开手的幼儿需要从垫子上爬过去、从拱桥下钻过去，快速跑回切口。

4. 指导建议

教师帮助幼儿明确游戏规则，并和幼儿协商用公平的办法选出第一个“切西瓜”的人。在游戏过程中，提醒那些暂时没有玩到的小朋友耐心等待，教师也可适时加入游戏，激发幼儿对做游戏的热情。

本章小结

本章主要阐述了民族民间体育游戏的基础理论知识，分析了民族民间体育游戏的特点、内容以及对幼儿发展的价值，阐述了幼儿园如何开展民族民间体育游戏，介绍了民族民间体育游戏的案例及其创新玩法。

实训内容

1. 观看幼儿园民族民间体育游戏视频，分析此游戏是否适合幼儿。

2. 学生以2～3人为一组，体验民族民间体育游戏的玩法，并根据幼儿身心发展的特点，开发出适合幼儿的玩法。

3. 小组讨论：依据民族民间体育游戏的特点，制定适合亲子活动的民族民间体育游戏的内容方案。

同步练习

1. 什么是民族民间体育游戏?

2. 简述民族民间体育游戏的价值。

3. 简述民族民间体育游戏的特点。

4. 举例说明，民族民间体育游戏的内容有哪些。

5. 根据幼儿园实际，论述如何在幼儿园开展民族民间体育游戏。

6. 根据幼儿的年龄特点，开发适合幼儿的民族民间体育游戏。

7. 案例分析：

幼儿园张老师在户外活动时间组织幼儿玩“丢手绢”的游戏，“丢、丢、丢手绢，轻轻地放在小朋友的后面，大家不要告诉他，快点快点抓住他，快点快点抓住他”。伴随着愉快的歌声，小朋友们玩得不亦乐乎。突然佳佳小朋友哇哇大哭起来，边哭边说：“他们都不把手绢丢给我。”请问张老师在组织这个游戏时，出现了什么问题？

第七章　幼儿体育活动的组织形式

幼儿体育活动是幼儿教育的重要组成部分，是根据幼儿的身心发展特点，以适当的身体练习和卫生保健措施为手段，通过多种组织形式所进行的一种有计划、有组织的教育教学活动。幼儿体育活动的组织，必须依据幼儿生长和身心发展规律，合理运用教学方法，因材施教，科学有效地组织幼儿完成各种体育活动。幼儿体育活动的组织形式多种多样，其中最基本的组织形式有：晨间锻炼、户外体育活动、体育教学活动、区域体育活动、室内体育活动等。

【学习目标】

- 了解开展幼儿体育活动的基本组织形式及特点。
- 掌握幼儿体育活动有效组织策略及要点。
- 了解幼儿体育活动组织的常见问题及注意事项。

【任务导入】

- 结合所学的理论知识，组织学生到幼儿园观察幼儿体育活动的组织与开展。

- 参与幼儿园体育活动，体验幼儿体育活动组织的多样性，提升学生组织体育活动的能力。
- 了解各年龄段幼儿基本动作的发展特点，能针对幼儿身心发展规律，制订合理的体育活动计划，组织多种形式的幼儿体育活动。
- 指导学生掌握体育活动中幼儿的活动量，并能进行分析、评价，适时做出调整。

第一节　晨间锻炼

一、晨间锻炼概述

晨间锻炼是幼儿体育活动的重要组织形式之一，也是幼儿每日一小时体育活动的重要组成部分。幼儿园一日活动是由晨间锻炼拉开帷幕的，因此晨间锻炼开展得是否顺利对一天的活动起着重要作用。

幼儿晨间锻炼是指幼儿早晨入园后，在教师的引导下进行，以简单体能锻炼为基本特征的体育活动组织形式。它是幼儿园一日活动的开始，因此不能简单地认为是早操，而是在早晨进行各种形式身体锻炼活动的总称。

二、晨间锻炼的意义

晨间锻炼是幼儿在幼儿园一日生活的重要环节，是锻炼身体的手段之一，对增强幼儿体质和一日生活的组织方面都具有重要的作用。开展晨间体育锻炼活动可以有效激发幼儿参加晨间活动的主动性、积极性和创造性，使他们感受到晨间锻炼活动带来的快乐，从而使幼儿身心得到全面、和谐的发展。

（一）形成良好的身体形态，增强身体素质

晨间锻炼可以发展幼儿基本动作，促进良好身体形态的形成和身体的正常生长发育，使幼儿的动作发展更协调、灵敏，从而增强幼儿身体素质。坚持晨间锻炼，能让幼儿逐步经受外界环境变化的刺激，使皮肤和呼吸道的黏膜不断受到锻炼，增强其耐受力，提高幼儿抵抗疾病的能力。

（二）培养良好的意志品质，养成体育锻炼的习惯

晨间锻炼活动能培养幼儿勇敢、顽强的意志品质和自信心，还能培养幼儿参与及合作的集体意识，使之形成良好的个性。开展晨间锻炼活动，能使幼儿从小养成

锻炼身体的良好习惯，并使幼儿逐渐体验和认识到体育锻炼是一日生活中不可缺少的内容。

（三）有助于促进大脑发育

幼儿进行活动时，肌肉中的神经可将各种刺激冲动传到大脑，从而促进大脑的功能发育。同时，晨间锻炼还可增加幼儿脑的血流量，供给脑神经更多的养料和氧气，促进大脑的生长发育。

三、晨间锻炼的特点与内容

晨间锻炼从活动方式上看，既包括为幼儿提供简单的运动器械（如球、圈、独轮车、沙包等），鼓励幼儿进行分散、自主的身体锻炼，也包括以集体活动的形式组织的一些身体锻炼，如做幼儿基本体操，进行走与慢跑交替等的体能锻炼。

从活动内容上看，晨间锻炼内容应该丰富多彩，富有变化。可以是幼儿的队列练习与队形变换、基本体操的练习；也可以适当安排幼儿韵律操，运动量较小的体能锻炼游戏，如自然慢跑，走、跑交替，绕障碍慢跑，跳绳等活动；还可以为幼儿提供一些小型的运动器械，如各类球、毽子、沙包、呼啦圈、铁环，让幼儿进行分散、自由的练习。在各种练习中，最好配有音乐伴奏，乐曲节奏要鲜明、曲调活泼轻快。晨间锻炼的操节最好在一定的时间有所更换，进一步增强幼儿对身体的控制能力，以及对做操的兴趣。

晨间锻炼一般由三个部分组成。第一部分主要是热身活动，调动幼儿的生理机能由平静状态进入活动状态，可进行走步、慢跑、排队等活动，时间不宜过长；第二部分主要对身体进行全面的锻炼，开展以锻炼幼儿的大肌肉群为主的活动，内容可丰富多样；第三部分主要使幼儿身体由兴奋状态转入平静状态，活动强度要小，主要以整理放松活动为主。

四、晨间锻炼常见的问题

晨间锻炼是幼儿一日生活的重要环节之一，对幼儿的发展起着不容忽视的作用。但由于种种原因，幼儿园晨间锻炼并没有引起老师的足够重视，晨间锻炼活动的开展不够规范，存在着诸多问题。

（一）投放的材料少，缺乏层次性，功能单一

在晨间锻炼时，为幼儿提供的运动器械较少，而且变化较少或常年不变，不能满足幼儿的选择需要，无法对幼儿起到一种暗示、启发的间接指导作用，无法促进不同幼儿在不同发展水平上的提高。这样会直接影响幼儿对运动的兴趣，进而影响

晨间身体锻炼的效果。

（二）教师缺乏有目的的指导，晨间锻炼质量不高

在晨间锻炼时，孩子们看上去热热闹闹，但随意性大，缺乏目的性和有效指导，户外活动质量不高。如有的幼儿会拿着玩具在玩“过家家”，有的幼儿在与同伴互相追逐打闹，有的幼儿拿着玩具站在旁边发呆看着别人玩，有的则来来回回地更换玩具。

（三）材料的选择缺乏自主性

很多时候，晨间锻炼的内容都是教师选定的，教师会给幼儿规定一定的场地，提供固定的材料，做示范动作并要求幼儿机械地反复练习，于是孩子对晨间户外活动逐渐产生厌倦、害怕心理。孩子对户外活动的内容形式不感兴趣，所以就会缺乏主动性，不愿意进行晨间锻炼。

（四）运动量不合理

晨间锻炼的时间是在幼儿入园到吃早点的时间内，在这段时间里幼儿是陆陆续续入园的，参与互动的幼儿比较少。来早的小朋友玩的时间通常较长，这样容易使幼儿的情绪过于激动和兴奋，易导致运动量过大，不利于食物的消化和吸收，也会影响接下来的活动。来迟的小朋友就没有机会锻炼了，运动量达不到。

五、幼儿园晨间锻炼的优化策略

晨间活动

幼儿园晨间锻炼是幼儿体育活动的重要组成部分，是幼儿一日活动的重要环节，为了充分发挥晨间体育锻炼的作用，激发幼儿参与锻炼的兴趣，提高幼儿体能锻炼的实效，应该在尊重幼儿的年龄特点及能力差异的前提下，从环境、材料、内容以及教师的指导等方面入手，进行优质的晨间体育锻炼活动。

（一）激发幼儿参与晨间锻炼的兴趣

1. 善于合理利用幼儿园内的环境进行锻炼

教师在组织幼儿晨间锻炼时，应充分考虑一切因素，利用户外活动场地立体的、多层次的、多视角的设施，满足幼儿多方面发展的需要，如利用造型多样的大型玩具、攀岩墙、水池内的独木桥等。幼儿进入这样的体育环境，就会根据自己的爱好选择合适的活动项目，大大增强幼儿主动参与晨间体育锻炼的兴趣。

2. 运用合适的材料，提高运动质量

（1）投放不同层次的材料。

在投放材料时应考虑幼儿的差异，注重投放具有层次性的器械，让幼儿能积极主动地按照自己的能力开展活动，在各自的起点上获得成功的体验，增强自信心。

如投放高矮、难易程度不同的高跷，幼儿由易到难地进行练习，逐步提升自己的能力。此外，为了进一步激发幼儿积极参与活动的兴趣，还可以将许多器械拟人化、动物化、色彩化来体现趣味性，如动物形状的“沙包”、大灰狼的“靶子”等。

（2）一物多玩，变形重组。

教师应提供有充分探索余地的材料，激发幼儿积极思考，拓展探究空间，挖掘材料的多用性，使活动器械能体现一物多玩，变形重组。如塑料瓶可以当作保龄球，如果在瓶口装上绳子就可以让幼儿拖拉或踢；又如家长自编的布条长“辫子”可以当尾巴玩“抓尾巴”的游戏；可将纸团成球形投掷；也可组合多条“辫子”让幼儿练习跳跃等。

（3）小型器械，合理搭配。

晨间锻炼如只凭借大型器械，对幼儿参与锻炼的兴趣有一定的局限性，应充分考虑补充和利用小型体育器械。挖掘生活中的各种废旧材料，如酸奶瓶、矿泉水瓶、易拉罐、布条、纸球、编织袋等，将其作为幼儿体育活动的基本材料。这些材料的补充对幼儿在运动中合理搭配器械、尝试多种玩法、发展游戏情节等方面都起到重要作用。

（二）晨间锻炼内容科学化，情境游戏化

1. 科学安排晨间锻炼活动内容和活动量

晨间锻炼要根据幼儿的体力、智力和能力条件，科学地选择和安排活动内容和活动量，同时注意动静交替，以免幼儿因过度疲劳而影响健康。在组织活动时，要随时观察幼儿的反应，如发现异常，要分析原因，并做适当调整。

2. 创设游戏化的情境，激发幼儿主动参与

以情景趣味性的游戏替代单一的机械练习，既能吸引幼儿全身心参与并投入晨间锻炼中，又能有效地激发幼儿晨间体育锻炼的兴趣，使幼儿的情绪、动作、规则意识得到发展。

3. 采用竞赛的形式，增强幼儿的积极性

相互间的竞赛能激发幼儿的兴趣，在晨间锻炼中，幼儿可以自由结伴进行个人与个人之间、小组与小组之间的比赛。如在玩飞盘、玩沙包时，幼儿可以比一比谁飞得最远、跳得最高、投得最远等。这样，既激发了幼儿的兴趣，又能促进幼儿责任感、荣誉感的形成。

（三）遵循幼儿动作的发展规律，进行合理指导

幼儿在晨间锻炼中的兴趣来源于教师的指导，幼儿掌握并熟悉某一动作必定有一个循序渐进的过程，而且幼儿间存在个体差异，因此教师要充分观察幼儿的行为

表现，有针对性地进行个性化指导。如对于胆小、不爱动的幼儿，应该鼓励或带动他们一起活动；而对于能力较弱、需要帮助的幼儿，则重点在于方法的指导。

案例

在“有趣的鞋盒”游戏中，教师在游戏环节的设计上，分三个阶段进行。第一个阶段，让幼儿尝试从一个鞋盒上面跳过；第二个阶段，让幼儿挑战从两个重叠的鞋盒上面跳过；第三个阶段，在前面活动的基础上，教师将两个重叠的鞋盒与一个鞋盒间隔一定的距离纵向排放，让幼儿尝试跳过有一定高度和一定宽度的所有鞋盒。游戏的三个阶段难度层层递进，活动中发现孩子们在游戏的过程中随着游戏难度的增加变得越来越兴奋，大家的挑战意识变得越来越强烈，在活动的第三个环节，许多孩子开始都不能一次成功，但是他们不断地去尝试，最终都能成功跳过鞋盒。每当孩子们成功跳过以后，他们总会表现出非常高兴与自豪。

分析与评价：

不需努力或稍稍努力就能取得成功的活动，幼儿往往不感兴趣，同时幼儿总是处在某一种状态的活动中，他们的兴趣就会逐渐降低。因此在体育活动中，活动要具有一定的难度且难度能够层层递进，只有在体育活动设计中注重活动的横向和纵向的层次性，才能满足每个幼儿的需要，让他们体验到成功，增强其自信心，激发他们去进一步挑战的愿望，最终促进每个幼儿在原有的基础上有所发展。

（四）科学合理创编幼儿基本早操

1. 精巧构思，实现早操设计编排的独创性

早操的设计编排应根据幼儿园特色及不同阶段幼儿的年龄特点、兴趣爱好和发展需要，从内容、动作、队形等方面综合考虑，使编排的早操贴近幼儿生活，体现出适宜性、趣味性、游戏性。

大班趣味圆筒操

2. 多元融通，丰富早操活动的内容和形式

早操活动除了以动作的操练和队形的变化为核心内容外，在内容选取和具体表现形式上还要注意融合音乐、器械、舞蹈、美术以及语言教育等多种元素，以此丰富幼儿园早操活动的内容与形式，实现早操活动同其他领域活动的渗透与融合。

六、晨间锻炼中的安全

（一）开展充分的准备活动

（1）依据幼儿的身心发展水平、活动场地和器械，精心设计活动项目。如：在组织“穿越梯子桥”活动时，教师将两架竹梯分别架设在不同高度的轮胎上，设置不同难易程度的穿越要求，如要求幼儿跨过梯档向前行走，或趴在竹梯上向前爬行。

（2）提供安全性高的器械并定期检查，要求幼儿着装合适。运动前对运动器械进行全面细致的检查，并做好检查记录，对存在安全隐患的器械及时进行报修或更换。与家长进行充分沟通，每天给幼儿穿舒适、宽松的衣服。

（3）组织好晨间锻炼准备活动，让幼儿充分热身。利用各种小游戏、律动等方式，做好晨间锻炼的热身活动，调整运动状态，充分活动肢体，为更为强烈的身体活动做准备，提高随后激烈运动的效率和安全性，同时满足人体在生理和心理上的需要。

（4）提出活动要求或注意事项，引导幼儿有序开展活动。在活动前教师应为幼儿介绍器械的玩法、游戏规则及注意事项等，如：正确使用运动器械，不在拥挤、有坑洞、潮湿等场地进行活动，在游戏中勿推挤、拉扯、互丢东西等。

（二）采用“环境渗透法”对幼儿进行安全教育

幼儿园可在各运动区贴合适的“安全小贴士”，用规范的语言和幼儿看得懂的符号将活动要求、器械玩法以及区域划分生动形象地表现出来。此外，还可以布置安全教育宣传栏，以漫画的形式宣传安全锻炼小知识等。

（三）加强幼儿园安全管理制度建设

建立与幼儿晨间锻炼相关的安全制度，如设施设备安全检查制度、安全工作责任制度、安全工作奖惩制度等。通过专题培训、教师相互交流经验、安全责任人在现场巡查时随机指导等形式，提高教师识别和应对安全隐患的能力。

七、晨间锻炼活动方案

晨间锻炼的内容包含热身活动、主体游戏活动、放松活动，内容结构完整，符合幼儿运动的基本要求，可根据不同幼儿的年龄特征安排相应的具体内容。热身活动在欢快音乐的伴奏下进行，幼儿做各种动作达到热身的目的。主体游戏内容根据晨间锻炼的时间和运动量进行合理安排，既要有集体游戏，又要有自由分散游戏。根据幼儿的体能情况，设置合理的运动量，由运动量较小的热身活动，过渡到运动量较大的游戏活动，最后再到运动量小的放松活动，表 7-1 为某幼儿园各年龄段幼儿晨间活动实例。

表 7-1　各年龄段幼儿晨间活动实例

<table>
<tr><th>内容</th><th>小班</th><th>中班</th><th>大班</th></tr>
<tr><td>集体游戏</td><td>虫虫爬</td><td>小青蛙捉害虫</td><td>战胜大灰狼</td></tr>
<tr><td>活动目标</td><td>锻炼幼儿直线钻爬的能力</td><td>1. 学习在直线两侧进行跳跃；
2. 在活动中萌发喜爱和保护青蛙的情感</td><td>引导幼儿初步学习肩上挥臂投掷动作，增强幼儿的目测力和动作的准确性</td></tr>
<tr><td>活动材料</td><td>海绵垫、阳关隧道、拱形钻洞</td><td>青蛙头饰、荷叶、小篮子</td><td>沙包人手 1 个、大筐 2 个、拱桥 2 个、跨栏障碍物 4 个、大灰狼投掷板</td></tr>
<tr><td rowspan="3">活动流程</td><td>热身活动</td><td>热身活动</td><td>热身活动</td></tr>
<tr><td>玩法：
1. 使用海绵垫、阳关隧道、拱形钻洞形成障碍物；
2. 在音乐旋律的伴奏下，幼儿以钻爬的形式穿越障碍物</td><td>玩法：
1. 幼儿扮演小青蛙，用直线两侧行进跳的方法，到池塘对面捉害虫，捉到害虫后跑到操场中间，将害虫放进篮子里，然后再去捉不同的害虫，直到把害虫全部捉完；
2. 规则：掉进水里的“小青蛙”必须返回重来</td><td>玩法：
1. 幼儿在相应的筐内取一个沙包，头顶着沙包走过独木桥，跨过小水沟（跨栏障碍物）及小山坡（小拱桥），到达狼堡去营救小动物；
2. 幼儿站在指定的线上，用肩上挥臂的方法将沙包向狼堡里的大灰狼的头打去</td></tr>
<tr><td colspan="3">结束部分：
1. 随着音乐做舞蹈动作进行放松活动；
2. 教师带领幼儿收拾整理材料；
3. 根据该次晨间锻炼活动情况与幼儿共同点评</td></tr>
</table>

第二节　户外体育活动

户外体育活动是幼儿园体育活动的重要组织形式之一，是指为促进儿童身心健康成长和增强体质，按照各年龄阶段和身心发展特点所进行的一系列有目的、有计划、有组织且形式多样的户外活动内容。《纲要》明确规定了幼儿园要“开展丰富多彩的户外游戏和体育活动，培养幼儿参加体育活动的兴趣及习惯，增强体质，提高对环境的适应能力”。科学的户外体育活动是幼儿学习与生活的基本内容，也是增强幼儿体质最积极有效的因素，更是增进学前儿童身心健康的一种手段。

一、户外体育活动的意义

户外体育活动不仅是幼儿日常生活中一个非常重要的环节，还是幼儿运动的基本形式。在幼儿期进行户外体育活动，可有效地促进幼儿走路活动能力和身体素质的提高，为以后的学习生活奠定基础，也符合素质教育的思想，对幼儿的心理、生理发展具有积极的促进作用，为幼儿今后“德、智、体、美、劳”全面发展奠定坚实的基础。

（一）促进幼儿身体的发展，增强幼儿体质

户外活动能够增强幼儿体质，促进其身体健康发展。幼儿正处在生长发育的时期，身体各器官、系统发育尚未成熟、完善，对外界环境的适应能力较弱，容易受到各种自然因素变化的影响，进行适合幼儿生理特点的户外体育活动，可以提高幼儿身体的适应能力、抗病能力。

（二）促进幼儿智力的发展

幼儿普遍有强烈的运动欲望和求胜的内在探究欲望。对他们来说，身体运动是生活的需要，是快乐的源泉。户外体育活动是幼儿智力发展的动力之一，在学习每项体育活动中，幼儿通过仔细观察教师，在进行模仿、反复练习中不断体会、修正自己的每个动作，这个过程培养了幼儿观察力、模仿力、思维想象能力等智力品质。在体育活动过程中，幼儿的各方面能力都得到了相应的发展，通过体育活动来促进幼儿智力的发展是可能的、必要的。

（三）促进幼儿社会性发展

在户外体育活动中，幼儿逐步学会正确认识自己和同伴，在与同伴的相互协调中，学会遵守活动的规则，提高自己解决矛盾及控制自己情绪的能力。通过与他人的交流、合作，促进幼儿人际关系的健康良好发展，使幼儿的社会化进程得以加快。

（四）有益于培养幼儿的主动性、积极性和创造性

户外体育活动开展的方式应以幼儿自由结伴、自由选择器械、自由活动为主，教师只是幼儿活动的支持者、指导者、帮助者。幼儿在宽松的氛围中自由活动，能按照自己的意愿选择结伴或进行独立活动，体验运动带来的快乐，这对幼儿形成活动的主动性、积极性和创造性都具有良好的促进作用。

二、户外体育活动的特点和内容

（一）户外体育活动的特点

户外体育活动不同于集体体育教育活动，这里所说的户外体育活动主要是指非正规的、结构化的儿童体育活动，在时间安排和活动安排上相对灵活和宽泛。

1. 环境的开放性

创设户外体育活动环境时，教师将园内周边环境和运动区域有效结合，所有运动区域同时向幼儿开放，不受时间、空间的限制。

2. 选择的自主性

在户外体育活动中，幼儿可以按照自己的意愿、爱好来选择运动区域和器材，自己决定玩法，自由结伴，自己调节活动时间和次数，充分体现活动的自主性，提高幼儿自主运动或结伴运动的能力。

3. 活动开展的趣味性

幼儿户外体育活动最显著的特征是趣味性，并且内容广泛，具有丰富的故事情节，能够引起幼儿的兴趣。户外体育活动是一种自由性很强的活动，没有任何外来的压力，幼儿能轻松、自由地参与活动，能把注意力集中在活动过程的乐趣上，获得轻松愉快的游戏体验。

4. 内容的丰富性

根据园内的场地、设施、体育器械等条件，以全方位、多渠道的运动资源支持幼儿运动。如塑胶场地上相对稳定的投掷区、跳跃区、平衡区、钻爬区；发展平衡能力的七彩鹅卵石、梅花木桩、轮胎篱笆；生活用品类（梯子、桌椅、长凳）、废旧用品类（报纸、瓶罐、纸箱）的一物多玩、组合多变等，内容丰富，形式多样，满足幼儿多层次的需要。

5. 人际交往的频繁性

户外体育活动能为幼儿提供互助合作、自主交往的机会，有利于其形成自信、大胆、活泼、主动的个性品质，促进社会性发展。

（二）户外体育活动的内容

1. 身体基本动作练习

幼儿身体基本动作练习主要包括走、跑、跳、投、钻爬、攀登、平衡等。这些动作是人活动的主要运动内容，也是体育运动的基础。因此，发展幼儿的基本动作对于锻炼他们动作的灵敏性、协调性非常重要。

体育游戏：快乐的小兔

2. 身体姿势及体操练习

幼儿身体姿势主要是指走、坐、立的姿势。身体姿势的正确与否对幼儿基本动作的形成有非常重要的影响。而对幼儿进行身体姿势训练，效果比较有效的训练内容是体操练习，幼儿体操主要包括听口令走、器械操、徒手操等。徒手操应是身体姿势训练的主要内容；器械操可选用儿童哑铃、球、棍棒等。

3. 体育游戏

户外活动时，幼儿可以进行体育游戏活动。体育游戏是以开展某种基本动作练习为主的有一定规则的体育活动，包括锻炼手部的构造性游戏、锻炼身体协调能力的运动性游戏等。它是根据各种场合的特点，人多人少时都可以玩的一种具有趣味性的体育活动，如“狡猾的狐狸”、“吹泡泡”、“老狼老狼几点啦”、跳房子、踩高跷等。

4. 利用环境和各类器械、设施的户外体育活动

随着幼儿园户外活动环境设施的不断发展，幼儿可以利用丰富的器械、大型设施等来开展户外体育活动，如攀岩墙、滑梯、荡桥、攀爬网、独轮车、高跷、羊角球等。

三、户外体育活动常见的问题

（一）幼儿教师对户外体育活动认识不足

教师在户外体育活动中发挥着主导者的作用，对户外体育活动的效果起着决定性的作用。教师在开展活动时，容易受传统教学思想的束缚，往往按照自己的教学计划和教学目标进行教学，这不仅使幼儿户外体育活动无法达到最好的教学效果，甚至会使幼儿缺乏兴趣，不能主动参与到体育活动中去。教师在进行体育活动时没有进行有效的指导，达不到体育活动的最佳效果。

（二）幼儿园户外体育活动的场地不足

场地和器材是户外体育活动的重要保障，但由于资源的匮乏，塑胶场地还不能实现全覆盖，有的是由水泥地代替，甚至为泥土地，不利于户外活动的开展，存在一定安全隐患。部分幼儿园的运动器材较单一、数量不足，较难满足幼儿运动和发展的需要。场地和器械不能进行合理的搭配及合理的规划，会直接导致幼儿户外体育活动的质量不高。

（三）户外体育活动形式和内容较单一

在组织幼儿户外体育活动时，多数幼儿园以大、中型固定的运动器械为主，提供的中、小型移动的运动器材较少，较难满足幼儿的个体运动需要。同时由于大型器械一次性可参与的幼儿人数较少，导致其他幼儿等待时间偏长，如荡秋千、玩滑梯、攀爬墙等，这些均导致幼儿户外体育活动形式和内容的单一，从而导致运动量不足，达不到户外体育活动的目的。

（四）幼儿家长对户外体育活动的价值认识存在偏差

家长普遍存在过度保护的养育观念，唯恐在幼儿园磕着碰着，于是就出现了因噎废食的现象，导致幼儿体质下降或运动量少而造成幼儿肥胖。对幼儿在幼儿园里出现的哪怕是轻微的伤害，家长都表现得异常紧张。

四、户外体育器械投放原则

（一）目的性原则

户外活动玩具材料的投放与使用应有目的、有计划，不能一成不变，要克服“老三样”（球、包、绳），教师要根据近期目标有选择地投放。

（二）季节性原则

玩具不同，功能也不同，活动内容也就不同。有的玩具玩起来活动量大，有的玩具活动量小。季节不同，活动量要求不同，投放的玩具相应也要不同。

（三）兴趣性原则

幼儿的兴趣高，活动的有效时间维持得就长，因此，教师要根据玩具和场地的特点，将活动内容游戏化，增加一些情节和角色，相应提高幼儿的主动性、积极性。

（四）层次性原则

教师在投放玩具材料时，既要考虑共性，又要针对每个幼儿的水平、能力投放玩具。如平衡练习，投放的材料要有高有矮、有宽有窄。

体育游戏：好玩的轮胎

（五）多效性原则

要做到一物多玩。如玩软棍，软棍的摆法不同，玩的方法也就不同，一条软棍可练平衡能力，用三条软棍可练习障碍走等，从而实现一物多玩。

五、户外体育活动的组织

（一）创设良好的活动环境

要保证足够的户外活动场地和完善的体育设备，为幼儿提供丰富的、多层次的户外活动器材。教师还可以利用一些废旧物品教幼儿自己动手制作简单的器械，如用废旧的报纸制作风筝，用废旧的纸箱制作滚履带，用废旧瓶子制作哑铃、保龄球等，既可以锻炼孩子们的动手能力，又能带动他们的兴趣。

（二）关注运动安全，增强幼儿自我保护意识

由于户外体育活动范围比较广，在给孩子更多游戏空间的同时，还要特别注重安全教育。在户外体育活动时，教师要讲解游戏时需要注意的安全事项，增强幼儿自我保护意识。幼儿园还要做好“四查”工作，即查孩子们的人数、穿戴，查场地、器材，尽可能地消除安全隐患。户外体育活动过程中，教师要四处巡查，及时纠正危险动作，确保每一个孩子在游戏中都是安全的。

（三）关注个体差异，做幼儿的引导者和游戏伙伴

教师要特别关注不同年龄、不同性格幼儿之间的差异，尤其是那些性格内向、胆小不合群的幼儿，教师应该多鼓励他们参与到游戏中来。在整个户外体育活动中，教师不仅是引导者，还是幼儿们的游戏伙伴。通过每次的活动观察，教师在了解幼儿的基础上，有目的、有针对性地进行指导，这样才能使户外活动达到最佳效果。

案例

某教师开展了挑战性体育活动“蚂蚁运粮”，活动中主要利用长凳设置各种障碍，让幼儿在有一定高度的长凳上爬行来培养幼儿勇敢自信的品质和规则意识，同时通过活动发展幼儿手脚交替向前爬行的能力，提高动作的灵敏性、协调性。幼儿在整个活动中的积极性很高，大部分幼儿都能积极地参与到游戏中，但也有个别孩子由于胆怯不敢尝试。多多就是这样的一个孩子，她平时性格比较开朗，很喜欢参与集体活动，可是在本次活动中同伴们都一个接一个地从长凳上爬过的时候，她却始终站在旁边不愿行动。但是她很专注地看着同伴们，从她的眼神中能够看出她很想去尝试一下，可见导致她这种行为的原因应该是害怕、胆怯的心理。

观察到这种情况后，老师走过去询问：“多多你怎么不去呢？蚂蚁妈妈还等着你去运粮食呢！”多多不好意思地说：“老师我好害怕，我怕掉下来！”老师马上鼓励多多说：“只要手脚放好，不在长凳上转身摇晃是不会掉下来的，勇敢地去尝试一下吧！”这时其他几个小朋友也在旁边附和：“去吧！不用害怕，你看我们都没有掉下来。”有了小伙伴和老师的鼓励，多多爬到了长凳上，可还是不敢前进，这时老师扶住了她的背，并告诉她：“老师会保护你的，你不会掉下来的！”于是多多终于敢尝试了，嘴里还不停地喊着：“老师你别放手，保护着我。”多多在老师的帮助下完成了任务。老师又鼓励多多再来一次，这一次她一点也没有犹豫，很高兴地爬到了长凳上，在爬到中间的时候，她还提出让老师放手，最终多多一个人也顺利地完成了任务。

分析与评价：

对于多多在活动中害怕的表现，老师所采取的措施是非常有效的。首先，老师告诉多多正确的爬行方法以及注意事项，让多多对爬长凳有了一定的认识；其次，老师通过扶着多多，给了多多实实在在的安全感，让她心理放松了。有了经验、心理方面的支持，多多最终能顺利地独立完成任务，迈向了成功。因此对于这些胆怯的幼儿来说，通过老师的帮助也是能够完成挑战的。幼儿存在个体差异，老师在支持、鼓励他们的时候，要多一份等待、爱心和耐心，只有这样我们才能看到每一个孩子的成长。

（四）合理安排运动量

运动量是幼儿户外体育活动实施的关键，只有当运动和心理负荷适宜时，才能有效地锻炼身心，发展基本动作，促进骨骼、肌肉、心肺机能的发展，提高运动能力。运动量受到多种因素的影响，主要是要求活动的强度要适当；动作练习的次数和质量要足够；运动密度符合幼儿年龄特点。

第三节　体育教学活动

幼儿期是锻炼意志品质的最佳阶段，同时体育活动又是培养幼儿形成良好意志品质的最佳途径。幼儿体育教学活动既可以锻炼幼儿的身体，又可以开发幼儿的智力，还可以提升幼儿生活和学习能力。教师应充分根据幼儿的年龄特点，创新体育教学方法，让体育教学活动真正符合幼儿发展规律，进而达到寓教于乐，促进幼儿身心全面发展的目的。

一、幼儿体育教学活动的概念

幼儿体育教学活动是幼儿园体育活动的重要组织形式之一，是指依据幼儿各年龄段体育活动的目标，以及幼儿发展的需要，有计划、有目的、系统地引导幼儿参与相关动作与身体练习，促使幼儿身体生长发育，增强身体素质，在提高基本活动能力、运动技能及社会性等方面，获得良好发展的一种集体体育活动。

二、幼儿体育教学活动的意义

3～6 岁幼儿身体各器官、系统的机能尚未发育成熟，身体生长发育处于迅速和旺盛时期，科学的体育教学活动能促进幼儿身体各器官、系统机能的正常生长发育，为幼儿今后的发展打下良好的基础。在体育教学活动中，为幼儿创设不同难度的情境，这种难度包括生理和心理两方面，也是幼儿经过努力后能够克服的。体育教育的最终目的不仅仅是增强幼儿的体质，更大的价值在于通过体育锻炼发展幼儿各方面的能力，促进其身心和谐发展。

三、体育教学活动的特点和类型

（一）体育教学活动的特点

体育教学活动注重幼儿身体的全面锻炼和发展，以提高幼儿的身体素质，发展幼儿的基本活动能力，增强幼儿的体质为主要目的，使幼儿身体、智力和社会性等方面协调地发展。

幼儿体育教学活动不仅需要认知活动的参与，更需要幼儿身体的直接参与，具有幼儿体力活动和智力活动一体化的特点。幼儿体育教学活动必须符合幼儿的生理、心理特点及发展水平，避免小学化、成人化，活动主要以游戏的形式进行，体现游戏化的特点，使每个幼儿在原有的水平上得到提高。

（二）体育教学活动的类型

（1）从任务上分。根据教学任务的不同，可以分为新授课（学习新的内容和动作）和复习课（复习原来的内容和动作）。

（2）从内容上分。根据教材内容的性质，可以分为综合课（包括游戏、体操、队列练习）和游戏课（围绕游戏开展）。

一般来说，幼儿园的体育教学活动主要以综合课为主，既有新学的内容又要复习已学习过的内容。

四、幼儿园体育教学活动目标

（一）身体发展目标

（1）促进身体形态结构和机能的发育，让幼儿保持正确的站、坐、走姿势，强健体质，提高动作的协调性。

（2）全面发展基本体能，使力量、速度、灵敏度、平衡能力等运动素质均达到各地区规定的标准。

（3）培养对自然环境的适应能力，使幼儿对寒冷、炎热等气温的变化有一定的适应力。

（4）促进心理健康、心情愉快，使幼儿对不良的情绪刺激有一定的耐受力，能适应幼儿园生活，与同伴和睦相处。

（二）智力素质发展目标

（1）幼儿能掌握已学过的运动动作和游戏的名称、玩法与基本要求，能记住所学的运动安全知识和卫生知识。

（2）促进感知觉的发展，幼儿能识别上下、前后、高低、远近、大小、先后、快慢、横竖、平直、宽窄等，发展对自身运动的速度、力度、节奏、体位和幅度的知觉能力。

（3）发展操作性思维、直觉思维和形象思维，提高思维的敏捷性、灵活性，幼儿在活动中能积极思考，主动想办法解决游戏中的问题。

（4）发展联想力、迁移能力和创新能力，使幼儿愿意尝试新的运动，能主动变化运动动作、活动策略和玩法。

（三）道德素质发展目标

（1）有责任感，能认真完成活动任务与要求。

（2）尊重同伴，能注意听取同伴的意见，尊重同伴的愿望；能关心和热心帮助同伴，有谦让精神，不争运动器械、游戏角色和活动的先后；能与同伴合作和友好相处，有一定的处理纠纷的能力。

（3）培养坚强的意志，在活动中遇到困难能努力克服，出现失误或失败不泄气，不退缩，不埋怨别人。

（4）培养友好竞争精神。幼儿能喜爱比赛，关心胜负，很想提高自己的运动能力；自己胜利时不骄傲，别人胜利时能主动去祝贺，别人失败时不讥笑并能主动去鼓励。

（四）审美素质发展目标

（1）能初步识别身体姿势的美与不美，在教师的帮助下养成健美的姿态。

（2）培养审美感受力和审美情感，能初步感受动作、力量、灵敏度、速度、平衡能力等的运动素质美和节奏美，并且有发展上述美的愿望。

（五）个性心理素质发展目标

（1）培养体育活动的兴趣和习惯，做到爱做操，爱做游戏，爱和同伴一起参加体育活动。

（2）发展自信心、自尊心和独立性。相信自己的能力，喜欢并勇于说出自己的愿望和意见，乐于表现自己的才能。

（3）发展自我认识、评价和调控能力，能对自己的基本能力和体育行为进行评价，对自己在体育活动中的行为有一定的自控能力。

五、幼儿体育活动的基本内容

中班健康活动：
青蛙跳水

幼儿体育活动内容包括身体基本技能、基本体操练习、身体素质练习等方面。活动内容是达成活动目标的主要材料，是体育活动的核心组成部分。主要依据体育教育活动大、中、小年龄的阶段目标，挖掘筛选适合幼儿的体育活动内容，形成符合幼儿年龄特点，具有层次性、渐进性的体育教学模式。

（一）基本技能

基本技能又称为一般身体动作。这些动作是人们日常生活中身体活动的基本模式，也是体育运动项目中身体活动的基本模式。在我国幼儿园体育发展领域要求幼儿能够掌握的基本动作一般包含走、跑、跳、投掷、钻、爬、平衡、攀登，有时也包含旋转和翻滚。

（二）基本体操

基本体操是有组织、有结构的成套身体动作练习的总称。在我国幼儿园的体育体系中，基本体操一般包含徒手操、轻器械操和基本队形队列练习。

（三）身体素质练习

身体素质练习是以发展某一种或几种身体素质为主要锻炼目的，专门为其设计或组织的身体练习活动，如灵敏性练习、速度练习、平衡能力练习等。这种练习也可以与其他练习方式相互交叉整合。

（四）器械练习

器械练习是指运用体育器械进行身体锻炼的活动，包括利用各种小型（如球）、中型（如车）、大型（如攀登架）等专门性体育器械进行的身体练习和游戏活动，还包括利用各种自制或替代性的器械，甚至还可以利用游泳池、沙池、假山、树林等其他一切室内外的环境进行体育锻炼。

（五）创造性身体活动

创造性身体活动是指利用身体进行的自我表现活动。这种表现活动的具体内容可以是内心情绪情感的表达或是对客观事物的模拟，还可以是对音乐、故事的理解等。律动、舞蹈以及更具有自由性、创造性的韵律体操也包括在这一类活动中。

（六）体育游戏

体育游戏是一种以发展幼儿的身体素质和基本活动能力为主要目的的游戏活动。体育游戏可以与其他练习方式相互交叉整合，如利用故事情节开展创造性身体表演游戏或利用基本动作要素组合编制的走、跑、跳游戏等。

六、体育教学活动的练习密度

幼儿园体育课的练习密度是指体育课中各种练习活动合理运用的时间与总时间的比例，是衡量一节课是否达到增强幼儿体质的依据之一。

练习密度的测定方法：准备两块秒表，第一块秒表记录幼儿从开始上课到结束的时间，是一节课的总时间；第二块秒表记录幼儿每次活动的时间，相加累积就是幼儿实际运动的时间。

练习密度＝幼儿实际运动时间/课的总时间×100％

目前幼儿园的体育课普遍运用测定练习密度来衡量一节体育课幼儿的活动情况。

据研究资料显示，幼儿在体育课中合理的运动密度要求是：大班百分之五十到百分之七十；中班百分之三十到百分之五十。教师要善于根据体育课的任务，幼儿年龄、健康状况等，安排好体育课的练习密度，从而使幼儿更好地掌握体育技术、技能，达到增强幼儿体质的目的，完成教学任务。为了合理安排和调节体育课的练习密度，教师应先了解制约体育课练习密度的几个因素，然后找出科学的调节策略。

（一）影响幼儿园体育课练习密度的因素

1. 运动强度

运动强度是指人体单位时间的生理负荷量，一般用心跳频率来表示。如幼儿 20 米速跑，跑后即刻心率可达 180 次/分，慢跑一分钟后做一套徒手操，心率在 140 次/分左右，显然，前者大，后者小。运动强度直接影响到幼儿的练习密度，运动强度越大，幼儿的练习密度则应越小，这就提醒教师，绝不能让幼儿长时间连续从事大强度的运动，否则，幼儿将承受过大的运动负荷，易造成对身体的伤害。在大强度练习中需增加休息的次数，一般幼儿练习一至两分钟后做适当休息，然后再继续练习，教师应严格控制大强度练习的总时间。

2. 教材的难易程度

教材的难易程度直接关系到幼儿的练习密度。幼儿学习新教材和较难的教材（如投远、投准、立定跳远、抛接球、夹包跳、夹包掷远或掷准等）时，教师以讲解示范指导为主，这样学生练习次数相对减少，练习密度就小。幼儿复习旧教材时，则是以巩固已学会的动作为主，练习次数增多了，练习密度自然就增大了。

3. 组织措施

教师组织措施合理，教学的节奏就会紧凑、环环相扣，上课的时间才能得到最大限度的利用，排队、变换队形迅速也可减少时间的消耗。

4. 准备工作

教师课前准备充分，可提高课堂时间的有效利用率。有的教师课前准备工作不充分，上课时才临时布置场地、摆放器械，结果浪费了许多本该用于教学的宝贵时间。

（二）科学调节幼儿园体育课练习密度的策略

针对以上影响幼儿园体育课练习密度的因素，提出以下调节策略。

1. 合理计划和安排各项活动

教师在准备体育课时计划时，应根据教学任务、教材特点和幼儿身体发展的特征及实际情况，科学地安排各项活动的时间，做到计划周密，心中有数。教师可根据不同的教材和幼儿的年龄确定具体的练习密度，注意动静结合，严禁让幼儿连续长时间做大强度的练习。

2. 灵活运用教学方法

在实际教学中教师应根据上课时的具体情况做适当灵活的处理。例如，发现幼儿在练习强度较大的教材时已显出中度疲劳状，教师则应立即调整课的节奏，改个人分散式练习为分组轮换观摩式练习，让幼儿可得到轮流休息。教师如发现幼儿分组少，轮番等待的时间太长，则应马上调整队形，以增加幼儿练习的机会。

3. 课前做好准备工作

为了充分有效地利用上课时间，保证体育课的质量，教师应在课前做好各种准备，包括备课和物质准备，如准备好幼儿所用的音乐、头饰、沙包、木桩、球等教具，提前规划好场地。

4. 充分调动幼儿的积极性

幼儿对活动内容感兴趣，他们参加活动的主动性就会提高，这在一定程度上可改善体育课的质量，提高体育活动的练习密度。为此，教师在选择课的类型、教学方法和内容上都应充分考虑到兴趣性原则。幼儿园体育课主要应以游戏为主，利用形象的玩具和道具、生动有趣的故事情节提升幼儿的兴趣，中、大班还可采用竞赛性游戏等方式来调动幼儿参与活动的积极性。

七、体育教学活动的运动负荷

运动负荷是指人做练习时所承受的生理负荷与心理负荷的总和。在幼儿体育教学中，只有运动负荷和心理负荷保持适宜，才能获得较好的教学效果，过小，则达不到锻炼的目的；过大，又超出了幼儿身心所能承受的限度，对幼儿身体的健康和教学任务的完成均十分不利。因此，合理地安排和调节幼儿园体育课的运动负荷是对教师体育教学的一项基本要求。

（一）影响幼儿运动负荷的因素

1. 运动强度

运动强度是指单位时间内，人体在运动时的生理负荷量，常用心跳频率来表示。例如幼儿在进行 20 米速跑时，跑后即刻心率可达 180 次/分，慢跑 50 米，心率在 140 次/分左右，显然前者强度大于后者。在幼儿体育活动中，跑、跳、攀登等动作运动强度较大，走、钻、爬、投掷等动作的运动强度则相对较小。

2. 幼儿活动时间

幼儿活动时间是幼儿一次体育活动中持续练习时间的总和，其中，幼儿的练习密度较大地影响着幼儿的运动负荷。如在一节课中，幼儿的运动时间较长，则他们的运动负荷就偏大，这样容易让幼儿产生畏惧和厌烦的心理。

3. 活动项目的特点

不同的活动项目对幼儿身体的影响也不同，如幼儿在障碍跑时，不仅全身运动负荷很大，而且意志负荷也较大；连续立定跳远时，运动负荷较大而心理负荷却较小。因此，在分析体育活动的运动负荷时，需要考虑不同活动项目对幼儿的影响，避免幼儿某些部位负荷过大。

4. 练习的数量和质量

练习的数量指练习的次数、距离的总和，它们一般与幼儿的运动负荷成正比。如双脚跳跃的次数越多，运动量相对就越大。练习质量是指幼儿在活动中，是否达到正确的规格和要求，如幼儿在做早操的过程中，如果动作不到位，运动负荷就小；而态度积极，动作规范，则完成动作的质量就高，运动负荷相对较大。

5. 教师的教学内容和组织措施

教师组织体育课的内容、措施得当与否，讲解示范是否正确形象、生动规范等，都会较大程度地影响幼儿的运动负荷。如过多地排队调换队形，或分组太少而导致幼儿长时间地等待，均易使幼儿产生烦躁情绪，甚至注意力分散，从而影响教学任务的完成。

（二）合理调节幼儿运动负荷和心理负荷的策略

1. 合理安排每节课的内容和任务

教师备课要做到心中有数，在安排活动内容时应合理搭配不同负荷、不同性质、不同数量的内容。运动量大的和运动量小的练习交替进行，如强度较小的走平衡木、投掷与强度较大的跳跃、攀爬等内容相组合；在教授新的知识时，技能不宜太多、太难，且应富有趣味性。

2. 灵活运用教学方法

体育课是以直接的身体练习为主，因此，教师在进行体育课时应精心设计，讲练结合，可采用鱼贯练习法、同时练习法、循环练习法等来加大幼儿的运动负荷和练习密度，使一切组织措施都紧紧围绕教学目标。教师要组织和调动好幼儿，巧妙地把讲解、示范、交代任务、评价、幼儿分组观摩等环节进行合理安排。

3. 充分利用场地、器械

幼儿园的具体情况各不相同，要最大限度地提高场地、器械的利用率，采用灵活多变的组织形式进行活动，以加大幼儿的练习密度。

4. 根据季节变化合理安排运动负荷

安排运动负荷时应考虑季节特点和气温因素，在炎热的夏季，可适当降低幼儿的运动负荷；而在寒冷的冬季，则应适当增加幼儿的练习密度（但运动强度仍不应太高）和运动负荷。

八、体育课的结构

幼儿体育课的结构是指一节课的教材内容安排和教学组织、教法步骤的合理顺序，以及各个环节的时间分配。根据人体生理机能活动的变化规律和体育课中幼儿身心变化的特点，将体育课的基本结构分为准备部分、基本部分和结束部分 3 个阶段。幼儿集体体育教育活动的时间根据年龄特点（小班一般为 15～20 分钟、中班为 20～25 分钟、大班为 30 分钟左右）和季节的变化做适当调整。

（一）准备部分

准备部分又称开始部分。该部分时间不应太长，一般占整个体育教学活动的 10%～20%，应根据教材内容、幼儿特点、季节、气温等具体情况灵活调整。

1. 任务

准备部分的主要任务是将幼儿快速组织起来，集中幼儿的注意力。通过一些热身活动使幼儿从生理和心理上都做好参与活动的准备。生理准备是指身体的准备活动，滑润关节，活动肢体，舒畅肌肉，逐步提高幼儿机体的活动能力，使幼儿身体各器官的机能进入工作状态，为开展较大活动量的运动做好准备，同时与基本活动做好衔接和过渡。心理准备是指调动幼儿参与活动的积极性和愿望，使幼儿情绪饱满，教师可用生动形象的语言激发幼儿参与活动的兴趣。

2. 内容

通过设计形式多样、富有趣味性的热身运动，提高幼儿体育活动热身运动的科学性与实效性，如体育游戏、模仿操、队列队形练习等内容。

（1）体育游戏。用幼儿已经掌握的小游戏热身，可以有效调动幼儿参与活动的兴趣。例如："城门城门几丈高""木头传电""小兔钻洞""听数抱团"。

（2）模仿操。热身活动的幼儿模仿操动作简单，生动有趣，节奏欢快，能够活动身体的各个关节，为体育活动做好身体的热身准备。

（3）队列队形练习。队列队形练习是通过教师口令或手势来进行队列的变化，可以进行简单的跳、跑或者针对性的动作，不仅能起到热身作用，也有一定的趣味性，能够很自然地过渡到下面的基本活动中。

小思考

中班体育游戏"小兔钻树洞"，主要围绕"小兔"躲到由两个幼儿搭起来的"树洞"下，从而逃过大灰狼追赶的情境展开。游戏目标是学习在游戏中自如地进行钻、跑及躲闪等技能，体验三人合作游戏的乐趣。

热身运动实录：教师扮演“兔妈妈”，幼儿扮演“小兔子”，二者一起蹦蹦跳跳来到操场（空间较大的水泥地，地板上有固定的“点”）。“兔妈妈”让每个小兔找一个“点”，邀请“小兔子”一起来做运动。幼儿跟着教师边念儿歌边做动作。个别幼儿还在打闹，时不时碰碰旁边的孩子，有的漫不经心跟着音乐做动作，动作不够到位，较随意。热身操做了两遍，热身时间不到 1 分钟。

1. 分析上述案例中教师设计的热身环节是否适宜。

2. 提出对策性建议。

（二）基本部分

基本部分的时间一般占整个集体体育教学活动时间的 70%～80%。如果大班的活动时间是 30 分钟，那么基本部分一般为 21～24 分钟是适宜的。

1. 任务

基本部分的主要任务是完成整节活动的教学目标和任务，是活动中最重要的环节。即学习新的或较难的活动内容，巩固和提高已学过的各类练习和游戏等，通过一定的身体动作练习来提高幼儿的身体素质，发展幼儿的能力，培养幼儿形成良好的心理品质等。

2. 内容

基本动作的主要内容可以是：走，跑、跳、投等基本动作的练习；幼儿操的学习；身体素质和体能的发展；等等。在该环节，幼儿身体各器官活动能力已达到较高水平，且能保持一段时间，这时，将难度大、新的教材或运动负荷较大的练习内容安排在此阶段，使之与幼儿身体机能活动的水平相适应。

（三）结束部分

结束部分的时间约占集体教学活动时间的 10%左右。如果大班的活动时间是 30 分钟，结束部分一般在 3 分钟左右是适宜的。

1. 任务

结束部分的主要任务是有组织地结束课，通过做一些身体放松的游戏活动和动作，使幼儿肌肉放松，消除疲劳，心率得到恢复，逐渐由紧张、兴奋状态过渡到相对平静状态，同时进行简单小结。教师应肯定并鼓励幼儿的努力和成功，激发和保持幼儿继续参与体育活动的兴趣和积极性。

2. 内容

组织进行轻松自然的走步；徒手放松练习；简单、轻松舞蹈；较安静的游戏；

等等。

(1) 牵拉放松。运动后进行牵拉练习，能减轻一般性的肌肉酸痛和痉挛，使处于紧张收缩状态的肌肉放松，加快身体疲劳的恢复。进行牵拉练习时，要采取正确的方法，动作幅度要小，同时拉伸要有一定的持续时间，使牵拉练习达到最佳效果。

(2) 舞蹈放松法。舞蹈加上优美的音乐可使人心情轻松愉快，使呼吸逐渐趋于平稳，心率减慢，调整和转移大脑皮层的兴奋中心，从而达到生理和心理的放松目的。

(3) 放松小游戏。组织一系列轻松的游戏，调节身心，如“开飞机”游戏等。

(4) 意念放松。教师在整理放松时，可根据幼儿情绪不稳定，易受各种因素干扰的特点，锻炼他们的自我调节能力。可以让幼儿闭上眼睛，在教师语言和音乐的陪伴下“肩放松”“臂放松”“深呼吸”……直至全身放松。

以上方法可单独用，也可互相结合，灵活运用。以轻松愉快的游戏形式来组织教学，既能让幼儿的心神转移，达到心理上的放松，同时又能放松身体，使幼儿身心都能得到很好的调节。

体育课的三个部分，虽然各部分的主要任务、组织方式、活动内容不相同，但却是一个紧密结合的整体，应注意结构紧凑，过渡自然。幼儿园体育教学活动结构模式也可根据每一个具体的活动内容和目标要求以及幼儿的年龄特点、季节变化、地区差异、场地条件等进行灵活调整，最终达到使幼儿身心得到良好发展的目的。

九、体育教学活动应遵循的基本规律

体育活动需要幼儿身体的直接参与，应分析幼儿在体育活动过程中生理和心理的变化特点以及影响因素，总结幼儿身体及动作在运动过程中的变化特点。在幼儿体育活动中，应遵循两个规律：人体生理机能活动能力变化规律和动作技能形成规律。

（一）人体生理机能活动能力变化的规律

人体在运动过程中，生理机能能力是不断变化的，而且有一定的规律。一般在开始时，能力逐步上升，然后达到并且在一定时间内保持较高的水平，最后又逐渐下降，这个过程可分为上升、平稳和下降三个阶段。

1. 上升阶段

这一阶段的主要任务是用较短的时间将幼儿组织起来，集中他们的注意力，吸引和激发幼儿参与活动的愿望和积极性，使幼儿在身体运动前做好生理和心理上的准备，并通过一些准备性的身体活动，提高机体的活动能力，以适应运动量较大的身体活动。

2. 平稳阶段

这一阶段中，幼儿各器官的活动能力已经逐步达到了较高的水平，人体工作能力处于最佳状态，大脑皮层具有最适宜的兴奋性。这时，身体的运动效率高，能适应较激烈的运动，学习和练习动作的效果也较好。

3. 下降阶段

幼儿经过一段时间的身体运动后，尤其是在进行较大活动量的运动之后，体内消耗的能量较多，身体开始出现疲劳现象，机体的活动能力逐渐下降。此时，教师应组织幼儿进行简单、动作较缓和的游戏结束活动。

（二）动作技能形成规律

动作技能也称运动技能，是指人体在运动中，有效地掌握和完成专门的动作能力。动作技能的形成是一个由简单到复杂的过程，动作技能的形成与提高大致要经历三个相互联系的阶段，各个阶段之间没有明显的界线，是逐步过渡和发展的。

1. 粗略掌握动作阶段

此阶段的主要特点是对动作有了初步的印象，大脑皮层的兴奋过程广泛扩散，内抑制不够，在动作上表现出肌肉过分紧张而不协调、不准确、有多余动作。在教学中，首先要激发幼儿的学习兴趣，鼓励其学习的信心，抓住动作的主要环节进行讲解和示范，让幼儿对动作的整体性有一个全面的直觉和印象，要给幼儿提供更多亲自体验和实践的机会。

2. 改进和提高动作的阶段

随着动作技能的强化和练习的增多，幼儿的多余动作逐渐减少，对身体的控制力有所增强，能较顺利、正确地完成动作，逐步形成正确的动作概念。此阶段幼儿的动作还不够稳定，如果遇到新的刺激或者活动条件的变化，容易出现动作变形的现象，原有的错误动作也可能再次出现。在此阶段，教师要多强调动作的细节，注意纠正幼儿的错误动作，使其动作更加准确。

3. 动作巩固和运用自如阶段

在经常、反复练习的基础上，幼儿的动作更加准确、熟练和协调，动作的概念已经明确，大脑皮层的兴奋和抑制趋于合理。这一阶段，教师应注意巩固和发展动作，可以进一步变化条件和环境，使幼儿在新的条件下自如地运用动作技能。

十、体育教学活动的组织策略

幼儿体育教学活动的组织策略是指针对一定的教学活动目标、任务，根据教学活动的发展变化、教学的一般规律，幼儿在教师的激励和指导下，进行自我体验、自我评价、创造性地自主活动过程的操作对策。

（一）合理设计教学内容

精心选择教学活动内容，科学合理组织活动，是有效开展体育教学活动的前提。幼儿园体育教学活动的主要方式是游戏，通过游戏可以把幼儿难以理解、枯燥的动作训练等变得易懂、有趣，使幼儿能在轻松、愉快的游戏活动中达到锻炼的目的。教师在组织开展活动时应根据各年龄段幼儿发展领域目标、本班幼儿的年龄特点及发展水平，选择适合本班幼儿特点的、贴近幼儿生活的内容。在教材提供游戏内容的基础上还可自创一些游戏，或收集本土的民间游戏并进行改编，将其运用到幼儿体育教学活动中。

（二）合理配置器械，探索活动方法

在幼儿体育教学活动中，运动器械的合理配置、场地的合理安排是有效提高体育教学活动质量的保障。体育课程资源具有多样性、潜在性、多质性，教师应充分挖掘现有场地器材的潜在性和多样性，发挥现有资源的多种价值，为幼儿提供合理、适量的运动器械。同时，探索器械的一物多玩不仅可锻炼幼儿的思维能力，还能提高运动器械的使用率。

（三）科学组织、优化活动过程

科学合理地组织体育教学活动，是提高教学效果的有力保障。在幼儿体育教学活动中，教师的组织和指导是非常重要的。教学方法运用得是否得当，不仅关系到幼儿的活动兴趣和参与活动的积极性，而且直接影响幼儿是否能很好地掌握体育知识技能，以达到锻炼身体的实际效果。因此，教师在组织体育教学活动时，要加强活动前的准备，进行周密计划、钻研教材，对幼儿的人数、场地、器械等做到心中有数，设计合理的练习和分组。

（四）领域有机渗透、整合

培养幼儿对体育活动的兴趣是幼儿园体育活动的重要目标，要根据幼儿的年龄特点组织生动有趣、形式多样的体育活动，吸引幼儿积极主动参与。在体育活动中，教师要根据幼儿的年龄特点，利用幼儿已有的知识和能力，整合学科的内容，做到各领域间有机渗透、整合，如体育活动与音乐、故事、科学等有机结合，通过变化活动形式充分调动幼儿参加体育活动的积极性，提高体育活动的有效性。

十一、体育教学活动的具体设计

（一）活动设计构成要素

活动设计构成要素通常包括活动名称、活动目标、活动重难点、活动准备、活

动过程及活动延伸等内容。

1. 活动名称

活动名称应简单准确，反映出游戏的基本特征。

事件提炼法："小猴摘桃"。

故事借鉴法："汪汪队立大功""超级飞侠"。

角色衍生法："青蛙跳荷叶"。

器械相关法："螃蟹夹球""过独木桥"。

知识模拟法："过马路"。

主题串联法："抗洪救险""超能陆战队"。

2. 活动目标

对于一节专门的体育教学活动课来说，活动目标的设置极为关键。目标设置得是否适宜直接影响到整个教学活动的效果。

目标的制定要体现全面性，即包括情感态度目标、能力目标和认知目标，如表7-2所示。

表7-2　活动目标的含义及常用词语

目标	含义	常用的词语
情感态度目标	活动过程中幼儿情绪情感的体验或形成某种积极的态度	乐于、愿意、感受、喜欢、激发、体验、尝试等
能力目标	活动过程中行为技能的形成	学习、掌握、遵守、运用、能够、创编等
认知目标	活动要完成的具体任务或要掌握的知识点	了解、知道、理解、领会、说出、比较、区别等

目标表述应一致，或以教师为主体，或以幼儿为主体。无论从哪个角度出发确定目标，要注意在一个教育活动中目标的表述方式应统一，不应既出现教育目标，又出现学习目标。表述应简洁清晰、准确具体，具有可操作性，目标条目不宜过多，一般是两三条。

3. 活动重难点

活动重点是一次教学活动中具有关键性的基本概念或核心内容，是教育活动中的主要线索。活动难点是从幼儿角度出发，对教学活动中幼儿不易掌握、理解的知识，或不易掌握的技能、技巧的预估。活动重点多是针对教育目标和教育内容，活动难点则是针对幼儿。活动重点与活动难点都要根据幼儿的实际水平来确定。

4. 活动准备

活动准备一般包括物质准备与知识经验准备。物质准备主要是针对一次教学活动中需要用到的教具等物质材料；知识经验准备是幼儿针对本次教学活动所需要的前期知识经验储备。

5. 活动过程

活动过程是对整个教学活动流程的描述，一般包括准备部分、基本部分与结束部分。活动过程需要解决的主要问题是：教师应明确幼儿获得哪些方面的发展；如何启发幼儿思考并主动解决问题；以什么样的教学方法和形式组织幼儿活动；如何引导幼儿对活动进行总结，提升幼儿的经验。

6. 活动延伸

教学活动应是一个长期、持续的过程，特别是能力、习惯的培养。而活动延伸可以保持教学活动的完整性、连贯性，是教学活动的重要组成部分。活动延伸的方法可以是家园共育、领域渗透、环境创设、区角活动等。

（二）活动设计书写格式

目前普遍采用的体育教学活动设计格式主要有两种：表格式和文字叙述式。

1. 表格式教学设计

表格式教学设计的优点在于能把教案的整体结构罗列清楚，划分明确，教师的主导作用与学生的主题作用体现突出，如表 7－3 所示。

表 7－3　表格式教学设计

任课教师：	第　周　　　　第　节		日期：
活动名称			
活动目标			
活动重点			
活动难点			
活动准备			
场地示意图			
活动过程			
准备部分			
基本部分			

2. 文字叙述式教学设计

文字叙述式教学设计一般是按活动的先后顺序依次书写，较为详细，但不如表格式教学设计条理清晰。

案例

小班："可爱的小青蛙"

设计思路：

在经过一段幼儿园的生活学习后，小班幼儿基本掌握了走、跑、跳等动作技能。怎样让小班幼儿有兴趣地练习跳，是当前小班体育活动中需要解决的问题。对于幼儿来说，青蛙的外形特征、生活习惯是幼儿所熟悉的、喜欢的，赋予幼儿小青蛙的角色，不仅有利于幼儿练习双脚跳的动作，而且有利于提高其对体育活动的兴趣，促进幼儿的身心和谐发展。"可爱的小青蛙"这节体育活动，以发展幼儿的弹跳能力为主，同时配合手臂和腿的动作进行跳跃的练习，以游戏的形式开展，使幼儿真正融入体育游戏活动中。

一、教学目标

(1) 学习弹跳的方法，练习跳的动作。

(2) 能配合手臂和腿的动作进行跳跃。

(3) 喜欢参与活动，能遵守游戏的规则。

二、教学准备

(1) 小青蛙头饰、呼啦圈若干（呼啦圈当荷叶）。

(2) 欢快的背景音乐。

三、活动重点

练习双脚跳的动作。

四、活动难点

让幼儿模仿青蛙跳，学习弹跳的方法。

解决重难点：在活动中，首先以青蛙妈妈的情景身份鼓励幼儿观察动作，再结合念儿歌以及容易记的语言帮助幼儿分解，记忆动作要领，让幼儿在练习、个别示范、情景游戏等过程中掌握活动重点，用各种方法层层递进，逐步掌握动作。

五、教学过程

（一）开始部分，激发兴趣

老师扮青蛙妈妈，幼儿扮小青蛙。

教师编儿歌《小青蛙》："我是一只小青蛙，捉虫本领大，手儿伸一伸，腿儿蹬一蹬，蹲下——找一找小虫，跳起来——吃掉它！"（活动四肢，巩固向上跳的动作。）

（二）小青蛙学本领

(1) 学跳的方法。提问："小青蛙们你们最喜欢做什么动作啊？"（跳）"请你们先自己试着跳一跳吧！"幼儿自由练习跳的动作。

“小青蛙们跳得都很好，但是你们知道怎么样跳能捉到飞来的小虫子吗？好，现在看妈妈是怎么跳的。”教师扮演青蛙妈妈，要带“小青蛙”去捉害虫，出发前先练习“双脚向前跳”的本领。

(2) 教师示范跳。边念儿歌边做动作：“小脚并并拢，小膝盖弯一弯，预备——向前跳一下。”

(3)“小青蛙”跟“妈妈”一起来学一学，跳一跳，边念儿歌边跳。引导幼儿互相学习青蛙的跳跃动作，说说哪一只“小青蛙”跳得远、它是怎样跳的，并请幼儿个别示范。幼儿集体学习弹跳的动作，了解手臂和腿的动作要配合才能跳得远。引导幼儿观察教师的脚步动作，重点掌握跳的要领，幼儿集体学跳，教师个别进行指导。

(4) 创设情景“小青蛙跳荷叶”，巩固蹲跳的动作。

教师：“现在我们把本领学好了，到池塘里玩跳荷叶吧。记住了，要从一片荷叶跳到另一片荷叶上，不要掉进水里。音乐响起的时候再开始跳哦，音乐停的时候停下来。”播放音乐，幼儿开始跳“荷叶”。

体育游戏：
青蛙跳荷叶

动作要领：双腿屈膝向前跳。

（三）和幼儿一起玩游戏“小青蛙捉害虫”

教师：“小朋友，池塘里有许多害虫，小青蛙要跟着妈妈去捉害虫，看看今天谁捉的害虫最多。”

(1)“小青蛙”们跟着“青蛙妈妈”双脚连续跳到“池塘”里捉害虫，提醒幼儿在捉害虫的过程中不要拥挤，像青蛙一样双脚连续跳。

(2) 捉完害虫后，“青蛙妈妈”带着“小青蛙”一起返回。

（四）结束部分

教师：“小朋友们跳了这么长的时间，是不是很开心啊？接下来，让我们来做放松活动。”

教师带领幼儿做一些放松舒缓的动作，拍拍腿，甩甩手脚，使原来兴奋的神经逐渐恢复到相对安静的状态，在轻松愉快的气氛中结束活动。

活动反思：

小班幼儿对模仿动物比较感兴趣，体育活动“可爱的小青蛙”充分调动了幼儿的兴趣，比较适合小班幼儿年龄的发展特点。活动中幼儿兴趣浓厚，气氛活跃。整个活动比较符合幼儿的身心特点，体育活动始终贯穿于游戏中，让幼儿在轻松愉快的情景中身心得到更好发展。

中班："老狼老狼几点了"

设计思路：

"老狼老狼几点了"是经典的民间体育游戏，内容简单、规则单一，非常适合孩子们游戏。但玩的时间一长，就会因为缺乏挑战性而被孩子们"不屑一顾"，因此要不停地更新游戏的玩法，这样既让传统游戏不被丢弃，同时又融入了现代的元素，让幼儿在快乐的游戏中感受并继承传统游戏文化。结合中班孩子的实际水平，教师和孩子们一起讨论新的游戏玩法。改良后的"老狼老狼几点了"增加游戏情景，激发幼儿对体育游戏的兴趣，体验游戏带来的乐趣。

一、活动目标

1. 激发幼儿对体育游戏的兴趣，体验游戏带来的乐趣。

2. 发展幼儿四散追逐跑、躲闪跑的动作，增强幼儿动作的灵活性和协调性。

3. 遵守游戏规则，探索躲避"大灰狼"的方法，体验同伴相互合作的情感。

二、活动重点

通过四散追逐跑、躲闪跑的动作，发展身体的灵活性和协调性。

三、活动难点

能积极地参与活动，体验与同伴共同合作的快乐。

四、活动准备

材料准备：老狼头饰若干个、小羊头饰若干个、呼啦圈若干、音乐。

五、活动过程

（一）热身活动

幼儿进场，幼儿每人站进一个圈，这个圈就是羊羊的家。

教师："羊羊们，我们准备去山上挖点萝卜来吃，准备好了吗？上山咯！"

（踏步）看到萝卜地了，（跑过去）开始挖萝卜（弯下腰，挥动手臂），回家洗萝卜（动手搓），切萝卜（前后转动双臂），炒萝卜（双手合起做翻炒的动作），炒完萝卜倒进盘（双手握住腰左右弯）。

（二）玩游戏：老狼老狼几点了

（1）讲规则。教师："羊羊们，吃完萝卜，我们要去草原玩一玩，草原上有大灰狼，它会吃羊的。今天大灰狼要等天黑了才会来抓没回家的羊，所以，我们要问大灰狼现在是几点，如果大灰狼说天黑了，那么羊羊们就要立刻跑回家。我们就跟在大灰狼的身后问它'老狼老狼几点了？'"

（2）配班老师扮演"大灰狼"进行游戏。教师："羊羊们，现在跟着我一起去草原玩吧。"游戏的第一遍结束后，再次提醒幼儿应该注意的规则。

(3) 增加游戏的难度。把羊羊的家减少几个，再做一遍游戏。

教师：“呀，有几只羊羊没家了，大灰狼可真坏，把家都炸没了。找不到家的羊羊怎么办呢？对，可以两只羊羊住一个家。那我们再去草原玩一会。”

(4) 角色互换，幼儿扮演大灰狼，继续把羊羊的家减少几个，再做一遍游戏，探索躲避大灰狼的方法，体验合作游戏的乐趣。

(三) 结束部分

教师组织幼儿进行放松活动：“今天羊羊们动脑筋想办法，一起躲过了大灰狼，让我们一起随着音乐放松一下吧。”

活动反思：

在“老狼老狼几点了”这个传统游戏中，“老狼”和“小羊”这两个角色是幼儿最为熟悉并喜欢的小动物。游戏主要发展孩子的反应和奔跑能力，符合幼儿的年龄特点，因此孩子们喜欢反复玩这个游戏。通过对“老狼老狼几点了”这一传统游戏的玩法探索，赋予了它全新的意义，挖掘了更深层次的教育价值，拓展了游戏目标。

大班：“瓶瓶乐”

设计思路：

在日常生活中，幼儿随处都可以看到各种瓶子。利用这些废旧的瓶子，和孩子们共同创设一系列的瓶子游戏，既环保、节源，又能一物多玩，满足孩子们的好奇心及探究欲望。以废旧的瓶子作为活动器材开展户外活动，既能发展幼儿走、跑、跳的基本动作，又可以提高幼儿动作的协调性、灵活性，让幼儿在自主的游戏中思考、探索，培养竞争与合作的意识。

一、活动目标

(1) 激发幼儿探究瓶子的多种玩法，在游戏中发展幼儿走、跑、跳的动作技能及协调能力。

(2) 通过体育活动培养幼儿团结协作的精神，体验运动带来的快乐。

二、活动准备

(1) 矿泉水瓶若干，瓶子操音乐。

(2) 标示游戏区范围。

三、活动重点

幼儿掌握平稳走、绕障碍跑、夹物并腿跳的基本动作要点。

四、活动难点

幼儿在比赛中自觉遵守游戏规则。

五、活动过程

1. 准备部分

(1) 幼儿列队进入活动场地，队列练习。

(2) 听音乐做活动准备（瓶子操）。

2. 基本部分

(1) 自主探索。

1) 教师用语言鼓励幼儿思考探索手中的瓶子有哪些玩法，提供自主探索的时间。教师巡回指导，用适当的语言和隐性示范，引导幼儿探索瓶子的多种玩法，鼓励幼儿进行合作探索。

2) 教师进行归纳小结，对幼儿进行表扬，并示范个别玩法。

3) 幼儿自由结伴进行分散练习，教师进行个别指导。

(2) 开展游戏。

教师讲解游戏规则，示范动作。在游戏过程中，教师作为裁判并参与进行指导组织，引导幼儿相互间的合作。游戏规则具体如下：

1) 顶瓶走比赛规则：

两队幼儿将瓶子置于头顶，从起点同时列队出发顶瓶走。途中瓶子掉地的队员必须返回起点重新开始。

2) 绕瓶跑比赛规则：

两队幼儿同时依次从起点出发跑，绕过途中的瓶子，先到达终点的一方获胜。上一个队员到达终点与下一个队员击掌接力后游戏继续进行，途中碰倒瓶子的队员必须返回起点重新开始。

3) 夹瓶跳比赛规则：

幼儿将瓶子置于两脚间，从起点同时依次出发夹瓶跳，先到达终点的一方获胜。上一个队员到达终点与下一个队员击掌接力后游戏继续进行，途中瓶子掉地的队员必须返回起点重新开始。

3. 结束部分

师生随音乐做放松运动，整个活动在轻松愉快的气氛中结束。

活动反思：

在“瓶瓶乐”体育游戏活动中，利用废旧物品，一物多玩，既满足了幼儿的好奇探究之心，又能运用多种有效方法锻炼其身体，在游戏中体现了以幼儿为主教师为辅的自主游戏精神，师幼互动，幼幼互动，循序渐进，整个活动过程紧凑流畅，使幼儿身心得到很好的发展。

第四节　区域体育活动

幼儿园区域体育活动是幼儿园体育活动的一种特殊组织形式，是幼儿园体育活动形式的重要组成部分。幼儿在区域体育活动中有很大的自主选择空间，幼儿可以自主选择区域和器材，自由结伴、自主运动，体现出“以幼儿发展为本”的理念。充足的、有效的、科学的户外区域体育活动，不仅可以增强幼儿自身的体质，也能锻炼幼儿运动的协调性、对环境的适应性，使其从中获得快乐的体验，提高对体育活动的兴趣。

一、区域体育活动的意义

《规程》中明确指出：幼儿园需要积极开展适合幼儿的体育锻炼，幼儿每天的户外体育活动时间不得少于 1 小时，同时也要提高户外体育锻炼的科学性、幼儿的积极性以及幼儿户外体育锻炼的质量。开展体育活动是促进幼儿身体的生长发育，发展幼儿体智能，提高幼儿机体对外界多变环境的适应能力的基本手段。丰富多彩的体育活动不仅可以帮助幼儿实现智力、知识的增长，而且可以促进幼儿实现身心的协调发展，养成良好的运动习惯，对于幼儿早期发展有着非常重要的价值。

二、区域体育活动的特点与内容

区域体育活动作为幼儿园体育的重要组织形式之一，以同时提供多样的体育活动区、打破班级界限、引导幼儿自主进行运动为主要特征，具有活动内容丰富、活动时间灵活、幼儿自主性强等特点，有利于教师发挥主导作用和因人施教，也有利于发挥幼儿的主动性和积极性，更好地培养他们的独立性和创造性。

区域体育活动按组织形式可分为独立型区域体育活动、混班型区域体育活动和混龄型区域体育活动。独立型区域体育活动是指每个班级各自独立开展区域体育活动；混班型区域体育活动是指同一年龄段的两个或多个班级幼儿组合在一起，共同开展区域体育活动；混龄型区域体育活动是指两个不同年龄段或多个不同年龄段的幼儿组合在一起，共同开展区域体育活动。区域体育活动通常以不同的基本动作或运动器械来划分，如钻爬区、跳跃区、投掷区、玩沙区、玩车区、攀爬区、玩球区、民族民间体育游戏区等，以各类运动器械的探索、操作与游戏，以及基本动作的练习为主要内容。

三、开展区域体育活动的原则

设计好幼儿园区域体育活动，使幼儿通过有效的锻炼既能获得身体素质的提高，又能获得心理的充分满足，从而达到身心的健康发展，一般要遵循以下原则。

（一）目的性原则

由于区域体育活动是由多个活动区域组成的，因此，一个区域体育活动的目标是由多个区域的活动目标共同组成的。目的性原则是指设计区域体育活动必须使每一个活动区域都具有明确的目的，使幼儿在每一个活动区域都获得有效锻炼，这是区域体育活动有效开展的基础。只有明确活动目的后，才能有效地确定活动中每个区域的内容，选择与之相符的器材，并创设支持该活动目的的运动环境，以实现区域体育活动的有效性。

（二）统筹性原则

统筹性原则是指根据幼儿园场地、器材的实际条件，因地制宜，全面规划活动场地，统筹安排运动器材，使场地、器材等运动资源获得充分利用，有效扩大幼儿的运动空间。

（三）均衡性原则

均衡性原则是指区域体育活动的内容设置和运动量的设定要均衡适宜，使幼儿的基本动作、运动技能协调有效地发展。幼儿正处于重要的生长发育阶段，四肢及身体机能的协调发展影响着幼儿一生的成长。如果长期偏向某一基本动作的锻炼或过度强调某一基本动作的发展，都会导致幼儿四肢及身体机能的畸形发展。此外，让幼儿在身体运动中保证适量的运动量，能使幼儿的机体承受适量的生理负荷量，这样才能让幼儿的身体得到科学有效的锻炼，逐渐提高各器官系统的适应性，促使机体各组织功能的增强。

（四）结构性原则

结构性原则是指区域性体育活动的内容、方法和运动负荷的设计安排顺序要坚持由弱到强、由易到难，循序渐进，不断提高。由于人体在运动过程中，生理机能的活动能力是在不断变化的，并呈现出一定的规律。人体在进行运动的过程中，起初，机体的机能活动能力较低，然后随身体的运动而逐渐上升，达到最高水平，并保持一定的时间，待疲劳出现，机体的活动能力逐渐下降，形成一个上升→稳定→下降的过程。因此，遵循人体生理机能活动变化的规律，应使幼儿的运动量循序渐进。

（五）挑战性原则

挑战性原则是指区域体育活动的内容对幼儿的身体机能、运动能力、心理承受能力都具有一定的挑战性，使幼儿通过锻炼身心获得积极的发展。缺乏挑战性的体育活动，无法激发幼儿的运动兴趣，往往使幼儿丧失积极性、主动性，游离于活动之外，导致锻炼价值的缺失。但挑战又是有限度的，不可超越幼儿身体所能承受的范围，如高强度的练习使幼儿心血管系统、韧带、皮肤等机能无法适应；过高过难的运动超出了幼儿身体的体力负荷，使神经系统等器官高度紧张而发生不良的反应，甚至造成损伤。因此，要先把握幼儿现有的动作发展水平，然后确立活动内容的挑战强度。

（六）层次性原则

层次性原则是指根据幼儿的年龄特点和体质、能力、个性的差异，在区域体育活动的每个区域设计多层次的活动内容，使其适合于每位幼儿。

（七）兴趣性原则

兴趣性原则是指设计的区域体育活动要能够引起幼儿兴趣，激发幼儿参加活动的积极性，使其通过身心愉悦的活动最终实现有效的锻炼。兴趣是学习、锻炼、发挥创造性的重要动力。在开展区域体育活动时要先了解幼儿的年龄特点和运动能力，掌握他们对哪些动作、情节活动方式感兴趣，针对实际情况设计他们感兴趣的活动内容，满足他们运动的需要和心理需要，从而激发和培养幼儿锻炼、学习、创造等各方面的兴趣。

（八）整合性原则

整合性原则是指设计区域体育活动不仅要考虑发展幼儿的基本动作、锻炼幼儿身体，同时应有机结合学习、生活、游戏课程的内容，有效渗透德育、智育、美育等方面的教育因素，使之相互融合。幼儿在体育活动过程中，身心都要参与活动并受其影响。根据全面发展的教育目的，对幼儿的教育应是整体的、综合的。区域体育活动是促进幼儿全面发展的手段之一，它不仅能锻炼幼儿身体，增强其体质，而且能对幼儿的品德、个性、思维、自我管理、交往以及感知觉等方面的发展起到积极的促进作用。因此，应充分发挥区域体育活动多功能的教育作用。

（九）安全性原则

安全性原则是指设计区域体育活动要全面考虑会对活动的安全性产生影响的诸多因素，并排除安全隐患，确保幼儿在安全的环境中锻炼。安全是开展区域体育活动的前提条件，由于区域体育活动结构松散，幼儿在活动中的自主性大，自由度高，活动范围广，接触的运动器材多，因此，安全隐患较其他活动要大很多，确保幼儿运动环境的安全性就显得尤为重要。

四、区域体育活动的常见问题

（一）户外区域体育活动的空间和设施不足

组织区域体育活动的基本条件是要有足够的活动空间，大部分幼儿园的区域活动空间不能够满足要求。活动空间的限制，直接影响了体育设施的布置，也影响设施设备的数量、规格、摆放。设施规划布置不科学、摆放杂乱、种类不齐全等问题十分普遍。这些问题的存在对于区域游戏的开展产生了严重的制约，教学效果大打折扣。户外设施不足的问题主要体现在两个方面：一是数量少，受幼儿欢迎的设施需要排队体验；二是种类不齐全，多数幼儿园的户外设施都是放松性的娱乐器材，锻炼孩子身体协调性、思考能力、创造力的器材非常有限，极大地限制了体育区域活动项目的选择与丰富，降低了幼儿户外区域体育活动的体验程度。

（二）区域体育活动缺乏趣味性和创新性

大多数幼儿园在组织区域体育活动时，受到设施和场地条件以及安全因素的制约，易造成内容相同、形式一致的模式化问题，频繁地组织同样的区域体育活动会消磨幼儿的积极性，主动性和创新性也无法发挥，影响教学效果。教师在户外区域体育活动中的设计与指导不足，是导致活动缺乏趣味性和创新性的主要原因。教师和幼儿每天被动地执行着重复的活动内容和活动形式，不仅使幼儿失去活动的兴趣，还失去了促进幼儿发展的价值。

（三）户外活动的时间和次数较少

幼儿还处于知识启蒙的阶段，幼儿的注意力很难长时间地集中，也很难在短时间内消化过多的知识，所以幼儿并不适合长时间的大量学习，需要劳逸结合，或者在玩耍中学习知识。幼儿园的办园标准也规定幼儿园每天都要组织幼儿进行户外活动，但大多数的幼儿园并不能做到每天都给幼儿课外活动的机会。有的教师认为幼儿太小，容易出现安全问题，于是把户外活动的时间一再缩短，导致幼儿户外区域活动时间不足，不能满足幼儿户外活动的要求。

五、幼儿园户外区域体育活动组织的优化策略

（一）重视发挥幼儿在区域体育活动中的主体性

幼儿园教师在开展户外区域体育活动中必须重视和尊重幼儿的主体性。让幼儿自愿选择参与自己喜欢的区域体育活动，在参与活动中自主支配自己的行为，在活

动中有所动、有所乐、有所悟，才有利于发挥其内在参与动机。幼儿在一种自觉教育性的环境中进行活动体验，能达到知识经验的自我建构，从而使幼儿身心健康成长，实现幼儿个性的良好发展。

（二）创造自由和谐的活动环境

幼儿区域体育活动的开展受到环境的影响，包括时间、设备和场景等条件，会直接或间接影响幼儿主观能动性在体育活动中的发挥。这些外部环境的创设，应尽量满足幼儿自主、自由的体育活动的需要，创设一个利于交往和乐于体验的体育活动环境。在体育活动过程中，教师应利用间接指导或侧面引导的方式，对幼儿自主创新体育活动进行鼓励，允许幼儿突破体育活动的条条框框，让他们尽可能地提出自己的独特见解，激发他们自主参与体育活动的兴趣，从而使每位幼儿尽情享受到区域体育活动的快乐。

（三）丰富区域体育活动内容和形式

教师应针对幼儿不同年龄阶段所具有的动作水平选择相应的体育活动方式，引导幼儿自主收集、利用多种材料进行混搭、组合，尝试变换出各种新玩法，探索器械的一物多玩，不断丰富区域活动的内容和形式，让幼儿以自己喜欢的方式自主探索，积累运动经验，充分满足幼儿自身的积极主动性与兴趣。同时对于活动方式可以采取轮换的方法，让幼儿有机会接触到不同的区域活动，得到更为全面的发展。

（四）注重提升教师专业素质

教师作为幼儿户外区域体育活动的领导者和实施者，为了实现幼儿户外区域体育活动的良好效果，应不断提升专业素养，积累经验，根据不同区域和幼儿的实际情况，设立阶段性目标与重点任务。在区域体育活动中，教师要充分观察幼儿言行，从幼儿的状态来观察幼儿参与的积极性和有效性，依据幼儿情况展开相应的引导，并在倾听的基础上认识幼儿的整体表现，就活动开展情况进行互动讨论，帮助幼儿整理和纠正体育活动中存在的错误行为，使活动的开展具有针对性。

案例

小班："打怪兽"

一、活动目标

（1）学习对准目标投掷的基本动作技能，提高幼儿动作的协调性。

（2）喜欢参与游戏，体验游戏的快乐。

二、材料准备

小沙包，小软球，报纸团，怪兽头饰，投掷线，彩虹墙（皮筋上缠皱纹纸）。

三、区域设置

幼儿站在场地一端的投掷线后，另一端有立着的怪兽头饰，中间是一道彩虹墙。

四、游戏玩法

教师："今天我们要做小猎人，看谁能打到对面的怪兽谁就取得了胜利。"当听到"预备——投"的口令时，幼儿将手中的沙包等投向怪兽头饰，当听到"捡沙包"的口令时进入场地捡回自己的沙包，游戏再次开始。

五、指导要点

（1）要求用屈肘的投掷动作投掷。

（2）提示幼儿投掷时脚不能超越投掷线。

（3）提示幼儿用力投高，要超过彩虹墙。

（4）可以尝试让幼儿左右手都练习投掷动作。

小班："小乌龟运粮忙"

一、活动目标

（1）模仿乌龟爬，练习手、膝着地爬的动作，进一步锻炼手脚动作的协调性和灵活性。

（2）初步学会合作，体验合作游戏带来的快乐。

二、材料准备

小乌龟的头饰若干，体操垫 6 个，"拱门" 6 个，粮食若干。

三、区域设置

用体操垫、"拱门"组成两个赛道，在起点处篮子里放上粮食。

四、游戏玩法

幼儿头戴小乌龟的头饰，在起点处分成两队，手膝着地，抬头，眼睛看向前方，慢慢地往前爬，把粮食送到对面后，原路返回到起点，然后第二名方可出发。比比哪一队幼儿运得多，幼儿可以自由选择运粮方法。

五、指导要点

（1）提示幼儿在活动范围内乌龟爬要手膝着地。

（2）返回起点后，后面的幼儿才可出发。

中班："打靶"

一、活动目标

（1）乐意参与游戏，体验打靶的乐趣。

（2）考验幼儿的反应能力，锻炼他们的个人能力。

二、材料准备

在地上画一条投掷线，距线前8米的地方并排放3个“手榴弹”，相互间隔2米。小沙包（或垒球）每人一个。

三、游戏玩法

把游戏者分成人数相等的3个队，面对“手榴弹”成纵队站在投掷线后，手拿小沙包。游戏开始，各队第一人用沙包（或垒球）投向自己前面的“手榴弹”，击倒者得1分，教师把“手榴弹”竖起，第二人接着投。如第一人未将“手榴弹”击倒则第二人接着投，如此依次进行，在规定的时间内，最后以得分多的队为胜。

四、指导要点

(1) 要听口令进行投击和捡包（球）。

(2) 击倒别人的“手榴弹”的不计分。

中班：“快乐的小兔”

一、活动目标

(1) 在轻松的游戏情境中学习双脚同时向前跳，练习走斜坡，发展幼儿的平衡能力。

(2) 培养幼儿竞争意识，体验游戏带来的挑战与快乐。

二、材料准备

(1) 宽窄不同的平衡木4条。

(2) 塑料篮子2只，小兔头饰若干，自制布偶胡萝卜、树叶、饮料罐等若干。

三、游戏玩法

(1) 幼儿从起点出发，双脚同时向前开合跳，走过平衡木，到达“农田”拔取“萝卜”后，返回起点。

(2) 幼儿熟练掌握玩法后，改变平衡木坡度的大小，增加游戏难度，提高幼儿游戏的延续性。

(3) 循环游戏，幼儿在游戏中遵循一定的路径往返循环，复习巩固走、跑、跳等基本动作。

四、指导要点

(1) 第一只“小兔子”跳过套圈，走上平衡木时，第二只“小兔子”才能开始游戏。

(2)“小兔子”拔“萝卜”回来时沿着规定的路线返回，并把“萝卜”放进篮子里。

(3) 提醒幼儿遵守游戏规则，不要互相推挤，注意安全。

大班："青蛙捉害虫"

一、活动目标

（1）学习立定跳远技术，掌握两脚同时起跳和轻巧落地的跳跃方法。

（2）增强幼儿的弹跳力并促进其灵敏性、协调性等身体素质的发展。

二、材料准备

塑胶操场，音乐，高约30厘米的平衡木4条，用硬纸板制作的"荷叶"。

三、区域设置

（1）在场地的一侧横排摆放平衡木。

（2）将"荷叶"分别洒落在较柔软的地面上，每片"荷叶"与其他"荷叶"间的距离不等，两片"荷叶"间距最短的为80厘米，最长的为160厘米。

（3）终点为"田埂"，在"田埂"上分别放些"虫子"。

四、游戏玩法

幼儿排成4组分别站在平衡木上面，准备好后开始起跳，可以选择不同的路线跳跃"荷叶"（距离不等，满足不同幼儿的需要），跳到"田埂"后便可以捉到一条"害虫"。

五、指导要点

（1）双脚自然分开，脚尖对着荷叶，双手摆动，起跳的时候双脚脚尖用力往后蹬，双脚同时着地。

（2）重点引导幼儿落地缓冲后的屈腿全蹲。

（3）鼓励幼儿跳间距比较大的"荷叶"。

大班："小马运粮"

一、活动目标

（1）幼儿练习助跑跨跳的动作。

（2）提高幼儿的动作协调性以及腿部的弹跳能力。

二、材料准备

自制的"大石头"和"倒下的大树"（小奶箱）若干个（高矮不一），小动物爱吃的萝卜、青草、桃子等物。

三、区域设置

设置起跑点，将食物放置在起跑点，将"大石头"和"倒下的大树"设置在路中间，每个物体之间至少间隔35厘米。

四、游戏玩法

"小马"要帮助山上的小动物们送食物，从起跑点自选一种食物，在规定的路线跑到山上。路上有“大石头”挡住了去路，“小马”要想办法跨跳过“大石头”和“倒下的大树”才能跑到山上。

五、指导要点

（1）幼儿要沿着操场的路线跑完全程，路线的设计要有直的路线也要有弯道的路线。

（2）重点指导幼儿跨过障碍物的方法，鼓励幼儿尝试挑战困难。

第五节 室内体育活动

室内体育活动是指在室内开展的各种幼儿体育活动的总称，也是一种幼儿园体育活动的组织形式，是对户外体育活动的一种补充，可以弥补一些幼儿园客观条件的局限或不足。室内体育活动是利用园所、班级的适宜场地、器材开展的补充户外体育活动的活动，可以是钻爬、投掷等大肌肉活动，手指、脚趾等小肌肉活动，也可以是有组织的集体活动、自由分散的创造性活动，在发展幼儿的身体协调性、柔韧性、脚的精细动作以及感知等方面具有一定的优势。

一、室内体育活动的意义

幼儿园的体育活动在培养和提高幼儿的身体素质，促进幼儿全面发展方面具有重大的作用。《规程》中指出：幼儿户外体育活动的时间不得少于1小时。为了保证体育活动在雨天也能正常开展，室内体育活动可有效地解决因天气、季节因素造成的体育活动无法开展的问题。有限空间内的体育游戏活动，发展了幼儿在体能、运动空间、运动视觉、自我保护等方面的能力，对幼儿具有重要的现实意义。

二、室内体育活动的特点和内容

（一）室内体育活动特点

室内体育活动空间具有局限性，空间的大小、高矮都会在一定程度上影响体育活动的开展。室内的场地主要有班级教室、楼道、阳台、活动室等，室内体育器械便携、轻小，内容选择更倾向于走、钻爬、跳、投等游戏内容。

（二）室内体育活动内容

幼儿园室内体育活动应根据幼儿的年龄特点与发展需要，提供丰富的室内游戏器材。如中小型运动器械：平衡木、投掷架、钻爬筒、拳击袋、套圈、椅子、摇马、桌子、沙包、垫子、圈、球、绳等，应根据器材开展形式不同的活动。

1. 室内体育课

室内体育课是根据幼儿身体发展的需要，在室内适宜的环境与场地中开展有计划、有目的的体育活动。内容应选择适合室内进行的动作练习，如爬、滚、投准等。

2. 室内体操

教师可利用多功能厅或者宽敞的教室、楼道等，组织幼儿进行体操活动，注重幼儿柔韧性的提高。

3. 室内区域体育活动

室内区域体育活动是利用园所、班级的适宜环境（场地）开展的对户外体育活动的补充，打破班级界限，幼儿自主选择材料、场地、活动内容而进行的室内体育活动，比其他形式的室内活动更具有自主性，能丰富幼儿的运动体验，促进幼儿身体的全面发展。

三、室内体育活动的常见问题

室内体育活动是户外体育活动的有效补充，是幼儿在室内进行体育锻炼的运动形式，不可避免地会存在一些问题。

（一）室内体育活动缺乏计划性

多数幼儿园的室内体育活动是临时安排的，也有部分幼儿园只是做了部分尝试和探索，幼儿园教师没有对室内体育活动进行整体规划和计划。因此教师的目标具有随意性和不确定性，容易造成组织过程散、教师随意性强、幼儿获得锻炼不足的情况，难以发挥室内体育活动的优势。

（二）材料投放不够丰富，活动内容单一

由于幼儿园对室内体育活动重视不足，缺乏深入的探索和研究，因此室内体育活动材料配备不够丰富，活动材料单一而匮乏，不能满足幼儿的需求，限制了幼儿自主选择的权利。活动内容形式也十分单一，主要以技能动作训练为主，无法满足幼儿游戏的需要。

（三）室内体育活动存在安全问题

室内活动场地有限，易造成幼儿拥挤，又由于幼儿年龄偏小，动作不够敏捷，并缺乏良好的安全意识，时常发生磕磕碰碰的事情，存在较大的安全隐患。因此，要达到增强幼儿体质、锻炼幼儿品质教育的目的，就必须加强幼儿和教师的安全意识，对游戏材料和设施设备进行定期检查。

四、室内体育活动的组织

（一）制订幼儿园体育活动整体计划

在规划幼儿园体育活动时，应将室内体育活动作为一个重要组织形式，纳入整体规划中。充分考虑室内环境的特点和优势，统筹做好室内体育活动场地的选择与利用、运动器材的选择与配备，并将室内体育活动目标、内容与户外其他体育活动组织形式有机结合起来，制定出适宜的室内体育活动方案，使幼儿室内体育活动的开展更具计划性、目的性。

（二）合理布局室内空间，投放适宜、丰富的材料

1. 巧妙地利用室内活动空间

大多数幼儿园都存在室内运动空间匮乏的问题，因此要有效利用各个空间，充分挖掘现有的场地资源，为室内运动所用。如选择宽敞的活动室、多功能室等大空间，开展幼儿移动范围大且次数较多的走、跑、爬等活动；选择适宜的楼道、阳台等小空间，开展幼儿移动范围不大的投准、纵跳、力量素质练习等活动。

2. 投放多样、适宜、安全的活动材料

活动器材的选择要因地制宜，统筹安排。考虑到空间、占地、距离等多种限制，选择器材时要灵活巧用，注重利用现有资源，就地取材。例如，利用桌子进行“穿越火线”“过山洞”等钻的活动；也可以在桌子上进行爬的活动；还可以从高处跳下进行“空降兵”等一系列活动。在凸显安全性的前提下，还要考虑材料的操作性和可变性，选择大量低结构材料，注重一物多玩的开发和展示，鼓励幼儿积极探索，大胆尝试，并定期开发幼儿喜欢、功能齐全的体育器材，增强幼儿对器材的新鲜感和主动运用的积极性。

3. 全面、科学地安排活动内容与形式

室内体育活动的内容可以是丰富多彩的，组织形式也可以是多种多样的。例如，引导幼儿进行室内体操活动、各类体育游戏、赤足活动、室内区域体育活动等，组织形式可以是集体的、小组的、自由的、分散的。教师在安排活动时，既要符合幼儿的年龄特点，又要考虑班级实际。在内容安排上，既要考虑上下肢的均衡发展，又要考虑活动量的安排，符合人体生理机能的变化规律。

4. 注重幼儿室内活动安全

幼儿园要从场地、材料、内容、玩法、指导等多个方面保障幼儿室内体育活动的安全。教师要有预见安全隐患的能力，注重幼儿的安全教育，各司其职，分工明确，在活动中巡回指导，及时发现安全问题并解决，使幼儿在安全、稳定的环境中进行活动。

案例

大班："同心协力"

一、游戏目标

学习与同伴合作，共同做好一件事，体会协作游戏的快乐。

二、游戏准备

报纸若干张，平衡木两个。

三、游戏玩法与规则

幼儿自选伙伴，两人一组。将报纸展开挖两个洞，分别套在两人的脖子上，将两人连在一起，然后，两人按指定路线走、跑、走平衡木等，报纸中途破碎则停止游戏，以报纸不破碎者为优胜。

四、指导建议

在游戏前，提醒幼儿在游戏时要小心，注意安全。

中班："好玩的桌子"

一、游戏目标

(1) 探索桌子的各种玩法，发展走、跑、跳、攀、钻爬、平衡等基本动作。

(2) 积极参与活动，体验游戏的快乐。

二、游戏准备

12张桌子，垫子，4把椅子，欢快的背景音乐。

三、游戏玩法与规则

幼儿分成4组，每组前摆放3张桌子。前面一个幼儿完成任务后与后一个幼儿击掌，后一个幼儿继续进行比赛，依次进行，先完成的组为胜利者。

(1) 过丛林："丛林"中有很多倒在路中的"大树"，从"树"的上面跨过去(桌子侧倒在地上)。

(2) 钻山洞："S"形钻过桌子。

(3) 过草地：骑马过"草地"(分腿坐在桌子上前行)。

(4) 过高山：从桌子的一侧翻到另一侧。

四、指导建议

游戏开始前，提醒幼儿注意安全；游戏中要求幼儿遵守游戏规则，幼儿击掌后，后一个幼儿方可出发。

小班："小螃蟹"

一、游戏目标

练习手脚着地爬，提高动作的协调性。

二、游戏准备

竹竿，自制丝带编织网，把一些小鱼卡片放在塑料筐里，布置场地。

三、游戏玩法与规则

指导幼儿手脚着地侧身爬行，从编织网的一端爬到另一端，手脚不能碰到网线。爬到终点后，在筐里拿一张小鱼卡片，从两侧直线跑回原来的位置。游戏可以反复进行。

四、指导建议

竹竿的高度可以根据幼儿的能力进行调节。

本章小结

幼儿体育作为幼儿教育的重要组成部分，在幼儿教育中担任着至关重要的作用，幼儿体育的发展离不开科学合理的幼儿体育活动组织形式。按照幼儿在园一日活动中参与体育活动的时间和内容的不同，本章概述了幼儿体育活动的主要组织形式，即晨间锻炼、户外体育活动、体育教学活动、区域体育活动、室内体育活动，并对每种体育活动组织形式的内容和特点进行了详细的解读，通过实例分析为教师在幼儿园开展体育活动提供了实践性经验。对体育活动组织开展过程中的常见问题，归纳整理出指导性策略，引导教师科学、合理地组织体育活动，促进幼儿身心和谐全面发展。

实训内容

1. 熟练掌握幼儿体育活动的主要组织形式。

2. 学生4～5人为一组，设计两种以上幼儿体育活动组织形式的方案，并尝试组织幼儿体育活动。

3. 小组讨论：依据学前儿童身体发育的特点，总结各年龄段幼儿在各类体育活动中的指导要点。

同步练习

1. 幼儿园晨间锻炼有哪些意义？

2. 幼儿户外体育活动的特点有哪些？

3. 某教师在进行公开体育教学时被指出幼儿运动负荷不合理，你认为影响幼儿运动负荷的因素有哪些？

第八章　幼儿园体育活动设计与评价

【学习目标】

- 了解幼儿园体育活动设计时要遵循的原则。
- 了解幼儿园体育活动设计的流程、基本框架与结构。
- 了解幼儿园体育活动评价的原则、内容和标准。

【任务导入】

- 结合所学的理论知识，组织学生自主设计一次幼儿园体育活动，并组织召开设计分享交流会，根据各个学生设计的内容，提出相应的建议与改进措施。
- 组织学生利用在幼儿园实习的机会，对自己设计的体育活动进行实践，实时录制教学视频，实习结束后组织学生观看教学视频，并依据幼儿园体育活动的评价标准进行科学、合理的评价。
- 选取一所幼儿园，将学生分成小组，走进幼儿园观摩一节成熟教师设计的体育教学实践活动，并结合所学的理论开展相关研讨活动。

- 参加一所幼儿园健康领域体育小组的教研活动，学习成熟教师在设计体育活动时的操作方法与思考要点。

第一节　幼儿园体育活动设计

幼儿体育活动的目的是增强幼儿的体质，使幼儿在原有水平上得到一定程度的增强和提高。但是，3～6 岁幼儿的身体发育和心理发育尚不成熟，相比于其他学段的教学，面向幼儿开展的体育活动一定要首先考虑幼儿的年龄特点。因此，幼儿园体育活动的设计之初就要考虑到幼儿的认知特点和发展规律，要符合班级幼儿当前的发展水平，同时具有一定的挑战性。活动设计要体现幼儿动作发展的规律，并遵循一定的原则。

一、幼儿园体育活动设计原则

相比于其他领域活动，幼儿园体育活动具有自身的独特性。第一，体育活动多是在户外开展的，活动场地比较大，幼儿分散到场地中，教师的视线和注意力就要跟得上幼儿，这对于教师而言具有更大的挑战性；第二，体育活动中幼儿的情绪会比较高涨，幼儿之间交流互动的频率也比平时要高很多，这就对幼儿的语言能力、社会交往能力、情绪控制能力提出了更高的要求；第三，体育活动相比于其他活动，给教师提出了额外的技能要求，比如口令、手势、动作示范等。由于体育活动自身的特点，教师设计和组织体育活动时会面临更大的挑战，尤其是新教师，在刚开始接触体育课的时候，往往会感到力不从心。

所以，教师在设计一节体育活动的时候，遵循相应的原则是保证体育活动顺利组织的前提。总体来说，设计幼儿体育活动要遵循以下五大原则。

（一）科学性

幼儿参加体育活动的首要目的是增强体质，促进身体健康，但是由于幼儿的身体发育尚不完善，不科学的运动方式非但达不到健身的目的，反而会损害幼儿身体。

以幼儿非常喜欢的追逐类游戏为例，教师在设计这类活动的时候就要充分考虑到活动设计的科学性，因为活动过程的运动强度非常大，如果教师没有安排运动前的热身或者热身不足，幼儿很快就会出现呼吸急促、面色通红、连续咳嗽等现象，甚至发生呕吐，而这些表象的背后是幼儿心肺功能的巨大损伤。相比于容易觉察到的危害，还有一些运动损伤不易被觉察到，以基本动作中的单脚跳为例，这个动作对膝关节的负荷非常大，教师如果没有把握好运动与休息的节奏，连续开展单脚跳练习，会严重影响幼儿膝关节的发育。

（二）游戏性

喜欢游戏是幼儿的天性，教师在设计体育活动的时候一定要顺从幼儿的天性，将体育活动的内容以游戏的方式呈现出来，让幼儿在快乐的体育游戏中得到发展。在体育活动中，与游戏相对立的是强化训练，《指南》中明确提出要珍视游戏的独特价值，严禁超前教育和强化训练，所以教师要避免设计枯燥、单调的重复练习活动，比如单纯重复练习投掷动作。

游戏化最常用的方式就是游戏情景和角色带入，教师在设计体育活动的时候，可以将故事情景融入活动内容当中，并且给幼儿赋予一个角色和任务，使幼儿在愉快的游戏中达到锻炼身体、发展动作的目的。比如，将小兔子运萝卜的游戏情景带入到小班幼儿双脚连续跳的体育活动中，教师化身兔妈妈，幼儿扮演可爱的小兔子，用双脚连续跳的方式将“菜园”里的“萝卜”运回家。整个游戏过程轻松愉快，幼儿在玩乐当中就完成了双脚跳动作的练习。相反地，如果教师的活动内容是从起点双脚连续跳到终点，再从终点跳回起点，这个过程就会非常枯燥乏味，丝毫不会引起幼儿的兴趣，活动难以开展。

（三）发展性

3～6 岁是儿童身心快速发展的年龄段，不同年龄段幼儿的身体素质、动作技能会有明显的差别，这是幼儿的年龄特点，教师在设计体育活动的时候要遵循这一特点。在《指南》健康领域动作发展目标中呈现了不同年龄段幼儿各种基本动作的普遍发展水平，这些内容给教师设计体育活动提供了科学依据，但是，幼儿发展水平受制于多方面因素，不同幼儿之间的发展水平存在差异性，《指南》发展目标仅能作为参考，教师在设计本班体育活动的时候，一定要参照本班幼儿的当前发展水平，活动内容在这一水平的基础上进行设计。

比如，小班幼儿单脚跳动作的普遍发展水平是“能单脚连续向前跳 2 米左右”，如果本班幼儿接触单脚跳比较少，普遍达不到这一目标，教师在设计单脚跳活动的时候，就应当适当降低难度。

除了注意运动成绩外，教师也应当注意观察本班幼儿的动作模式，小班幼儿刚开始接触投掷游戏时，只能使用初级阶段的投掷动作，也就是面对投掷方向进行投掷，而大班幼儿能够比较熟练地使用更高阶段的投掷动作，也就是身体侧对投掷方向，单手持球放在后面，通过转体完成投掷。

（四）层次性

活动目标要高于幼儿当前的发展水平，从当前发展水平到活动目标之间存在一定的跨度，当这一跨度较大时，教师就应当在一次活动中按照由易到难的顺序设置多次游戏，帮助幼儿逐步达到活动目标设定的发展水平。同时，不同幼儿的发展速度和达到某一水平的时间不完全相同，导致同一班级幼儿的发展水平有高有低，教师要尊重并理解幼儿的能力差别，在设计体育活动的时候，体现出活动的层次性，让活动难度由易到难，活动路线有易有难，保证不同发展水平的幼儿都能够得到发展。

在“小青蛙跳荷叶”活动中，幼儿要扮演小青蛙使用双脚跳的动作依次跳上每一片“荷叶”到达对岸，教师可以在这个活动中设置三次游戏，第一次游戏中的“荷叶”间距比较小，能够让幼儿很轻松地跳上去，帮助幼儿适应游戏规则，给幼儿成功的体验，吸引幼儿继续游戏；第二次游戏中的“荷叶”间距比较大，幼儿需要集中注意力才能跳上去，这种“踮起脚才能够到”的游戏难度有利于引发游戏兴趣和挑战的愿望，进而提高幼儿的发展水平；第三次游戏中的“荷叶”间距更大，需要幼儿努力挑战才能完成任务，在这种有难度的游戏中培养幼儿形成勇敢、坚持的优秀品质。在每一次游戏中都可以设置多条游戏线路，能力强的幼儿可以选择难度高的线路，能力弱的幼儿可以选择难度小的线路，保证所有幼儿都能在合适的水平基础上得到发展。

（五）安全性

幼儿人身安全是开展体育活动的前提，由于体育活动的自身特点，导致幼儿在户外活动中很容易出现摔倒、相撞等情况，教师应当从活动设计之初就把安全放在心上，既要给幼儿提供一定难度的游戏，给予幼儿挑战的机会，又要保障幼儿的人身安全。教师做好安全提示、安全保护，让幼儿不去挑战高难度玩法是避免安全事故的有效措施。

教师在设计具有一定难度的活动时，应当考虑使用安全提示，并且提示的语言应当具有“可操作性”，而非笼统的“注意安全”。比如幼儿在爬绳网时，教师应当提示“抓紧绳子”“慢慢爬”，幼儿听到这些提示就知道如何去做，这样就能更有效地保障幼儿的安全。

在难度跨度较大的活动中，教师应当采取必要的安全保护措施。以幼儿走平衡木为例，幼儿都会经历从不敢走到敢慢慢走的过程，教师可以通过提供不同层次的安全保护措施，帮助幼儿逐步适应这个过程。在幼儿不敢走的时候，教师可以站在幼儿身后，双手扶住幼儿以维持平衡；在幼儿可以缓慢走的时候，教师可以让幼儿抓住自己的手，以辅助平衡；在幼儿能够独立行走但是依然心存畏惧的时候，教师可以把手放在幼儿手的下方不接触，以帮助幼儿逐步克服畏惧心理。

体育活动一定会有难度，没有难度的活动很难达到发展幼儿的目的，也不能培养幼儿不怕困难、敢于挑战的优秀品质。教师要做的就是体现活动的层次性，逐步提高游戏难度，此外，还要做到不去挑战高难度玩法，这里所说的高难度玩法并不是绝对的，而是相对于幼儿当前发展水平来说的。在大班幼儿能够非常快速、平衡地走过平衡木的时候，开展竞赛游戏就是符合幼儿能力水平的玩法；在小班幼儿“小马过河”游戏中，幼儿要走过平衡木到达“河对岸”，在幼儿仅仅能做到张开手臂缓慢行走的时候，教师就开展竞赛游戏，鼓励幼儿提高“过河”速度，则很容易使幼儿从平衡木上摔下来。

二、幼儿园体育活动设计流程

（一）选定活动主题

1. 根据幼儿的动作发展规律选定活动主题

3～6 岁是人的一生当中基本动作发展最为迅速的阶段，在这短短的三年时间里，所有的基本动作都会经历一个快速发展的过程，教师要通过学习和观察把握这一规律。在《指南》动作发展目标中，呈现了每个年龄段幼儿各种基本动作可以达到的能力水平，教师可以依据这一发展规律制订自己本学年的体育活动教学计划。

2. 根据幼儿兴趣选定活动主题

教师要充分尊重和保护幼儿的好奇心和学习兴趣，教师通过观察发现本班幼儿对某一项游戏的玩法非常感兴趣，就可以基于此玩法设计体育活动。比如教师发现本班幼儿喜欢走路边的路沿石，就可以设计与走平衡木相关的体育活动；发现幼儿喜欢跳起来拍打树叶，就可以设计与跳跃相关的体育活动；发现幼儿喜欢追逐，就可以设计与追逐跑相关的体育活动；等等。这种基于幼儿兴趣设计的体育活动，能够充分提高幼儿的参与兴趣，让幼儿在活动中得到发展。

3. 根据幼儿存在的问题选定主题

教师通过日常观察和幼儿体能测查分析结果发现，本班幼儿某一项能力水平弱于该年龄段的一般水平，就需要通过体育活动，提高幼儿该项能力。比如教师在看本班幼儿的体能测查分析结果时，发现幼儿投掷能力普遍比较弱，这就说明教师在接下来的教学计划中需要增加与投掷相关的活动内容。

（二）明确幼儿当前的发展水平

在选定活动主题之后，教师一定要通过观察和测查，掌握本班幼儿当前的发展水平，结合领域核心经验确定幼儿潜在发展水平，在潜在发展水平的基础上确定活动目标。所以，如果不能确定幼儿当前的发展水平，活动目标也就无法确定。

即使教师能够准确把握该年龄段幼儿的普遍发展水平，但是每个幼儿都有自己的发展速度，达到某一水平的时间也不尽相同，从而导致不是所有幼儿都正好处于该年龄段的普遍水平。所以，年龄特点能帮助教师初步判断幼儿的能力水平，最终还是要以观察结果为准。

比如，在发现本班幼儿投掷能力比较弱之后，教师就可以在分散活动中观察幼儿的投掷动作，或者在集体游戏中组织一个投掷类的小游戏，以此观察幼儿的投掷动作，根据观察结果确定幼儿当前的发展水平。如通过观察可发现，本班幼儿喜欢投掷游戏，但是投掷距离较近，投掷动作比较僵硬，而且在球出手时存在低头往下砸的现象。

（三）确定活动目标

体育活动目标是教师为一节体育活动所设定的最终达成的结果。科学合理的活动目标，能够明确幼儿经验的提升点，有助于教师把握体育活动的方向，有计划、有目的地组织一节体育活动。教师在制订体育活动目标的时候，除了要基于幼儿当前发展水平以外，还应当注意以下几点。

1. 在活动目标中体现幼儿发展的三个维度

幼儿的发展是一个整体，教师在设计体育活动时，除了要着眼于健康领域发展目标外，还要兼顾其他方面的目标，将各个领域的目标融合到一节活动当中，促进幼儿全面发展。通常来说，教师可以从知识经验、技能方法、情感态度三个维度整理一节体育活动的目标。

我们可以将那些需要幼儿记忆、思考、想象、讨论才能获得的知识和经验放在知识经验目标中，这类目标通常会使用“了解”“知道”“懂得”等表达方式。比如，在活动中幼儿要根据教师的儿歌模仿不同的小动物，对应的认知目标就是“发展幼儿听到信号做动作的能力”。再比如，幼儿通过学习“抓紧绳子弯下腰”的动作要领，掌握拔河游戏的玩法，对应的知识经验目标就是“幼儿在活动中知道拔河游戏的动作要领”。

体育活动的技能方法目标对应的是健康领域核心经验中的基本动作和身体素质，这类目标通常会使用“学会”“能够”等表达方式。常用的基本动作有走、跑、双脚跳、投掷、正面钻、手脚爬、攀爬等；身体素质有七种，包括力量、速度、耐力、柔韧、灵敏、平衡、协调等。幼儿在参与体育活动时练习了哪项基本动作，发展了哪项身体素质，对应的基本动作和身体素质就应该呈现在技能方法目标中。比如中班幼儿在玩追逐游戏时，会快速奔跑、不断躲闪，避免被抓和碰撞。在这次活动中，练习了幼儿追逐跑的动作，发展了幼儿灵敏、协调能力。

在体育活动中，情感态度目标也是需要教师重视的内容，幼儿在一节体育活动中除了能够习得知识、增强体质外，还能培养运动兴趣，发展多种优秀的品质，比如勇敢、坚持、合作、主动、专注、探究、创造等。比如在划龙舟游戏中，幼儿相互配合才能完成游戏任务，这种活动就能够增强幼儿与人合作的能力；在抢运物资游戏中，幼儿需要独立思考和多次尝试，以此来寻找穿过障碍物抵达终点的方法，这个过程能够提高幼儿的探究能力；在翻山越岭游戏中，幼儿要克服恐惧，走过窄窄的独木桥，爬上高高的攀爬架，跨过凸起的障碍物，在这个游戏中幼儿能够体会到只有勇敢、坚持才能战胜困难。

2. 各个目标的表述方式一致

根据活动目标表述方式的不同，可以将目标分成培养目标和发展目标。在表述上，培养目标会以教师和活动内容为主体，常常会用到“发展”“提高”“培养”等表达方式，更加凸显教师和活动内容的重要性；发展目标会以幼儿为主体，常常会用到“学会”“了解”“知道”“感受”“乐意”等表达方式，强调的是幼儿学习后获得的发展和变化。

需要注意的是，在同一个活动的目标中，尽量使用一种表述方式。发展目标可以让教师在活动中关注幼儿的行为和表现，能凸显幼儿在活动中的主体地位，展现教师对幼儿发展水平和游戏状态的关注，体现以幼儿发展为本的教育理念。因此，鼓励教师书写发展目标。

（四）设置教学重点、难点

1. 教学重点

教学重点是教学活动中最基本、最重要的内容，是教学活动的主要线索，对于达成活动目标起着决定性的作用。所以，在设计体育活动时，要做到重点突出。

以中班体育活动“受伤的小青蛙”为例，幼儿扮演一条腿受伤的小青蛙，依次跳上每一片“荷叶”到达“池塘”里的“小岛”，在活动中体会单脚跳的动作要领，练习单脚跳的动作，提高身体的平衡能力。在本节活动中，单脚跳动作是最基本、最重要的内容，如果幼儿不能完成这个动作，那么本次活动将无从开展，所以“幼儿能够使用单脚跳的动作依次跳上每一片‘荷叶’”就是活动的重点。

2. 教学难点

教学难点是教师在完成教学重点的过程中可能会遇到的困难和挑战。尽管教学难点的主体是教师，但是，教学难点的产生来源于幼儿难以理解的知识或难以掌握的技能。

还是以中班体育活动“受伤的小青蛙”为例，活动重点是“幼儿能够使用单脚跳的动作依次跳上每一片‘荷叶’”。首先，教师需要分析幼儿面临的挑战是什么。通过分析本班幼儿单脚跳动作当前的发展水平，我们发现“摆动腿跟随跳跃动作上下摆动”是幼儿完成游戏最大的挑战；之后，教师面对的挑战就是如何帮助幼儿掌握这一动作，在教学中，我们可以通过跑跳步练习和语言提醒帮助幼儿掌握这一动作。所以，教师的教学难点就是：幼儿通过玩跑跳步游戏并跟随教师唱“……两腿一起跳起来”的儿歌帮助幼儿掌握摆动腿跟随跳跃动作上下摆动的动作。

（五）选择合适的教学方法

在体育教学活动中，最常用的教学方法有动作示范法、情境教学法、讲解法和提问法。

1. 动作示范法

每个领域的教学内容都有独特性，体育活动与其他活动最大的区别就是体育活动的内容核心是大肌肉动作，活动的内容围绕某些大肌肉动作开展，所有活动内容的设计和活动目标的实现都建立在这些动作之上。也正是由于体育活动的这一特性，使得动作示范法非常适合运用于体育活动之中。

动作示范可以按照示范者的朝向和动作方向分为正面示范、侧面示范、背面示范和镜面示范。正面示范是教师正对幼儿，既能观察幼儿动作，又能随时与幼儿进行互动，是教师最常用的示范方式；但是，教师进行操节示范，或者示范投掷、单脚跳、跨跳等左右不对称的动作时，镜面示范就是更好的选择，幼儿不必进行思考，仅仅通过观察就能够直观地判断动作的左右方向；当教师希望幼儿跟随自己的示范动作边看边练习的时候，背面示范就有了用武之地，幼儿可以跟在教师身后边看教师的动作边模仿，包括跑、跳、钻、爬等移动类动作；还有一些动作的动作要领从正面和背面都不容易观察到，只能从侧面观察到，比如双脚连续跳的脚尖落地和单脚连续跳的摆动腿并上提，在正面示范和背面示范中都不容易被观察到，这时，教师就需要使用侧面示范帮助幼儿全面认识这些动作要领。

由此可见，这四种示范方式没有优劣高下之分，每一种都有其适合的应用场景，教师应当站在幼儿的角度分析哪种示范能够让幼儿更好地观察和理解动作要领，也可以在一次动作示范中进行多角度示范。

在进行动作示范时，教师还要注意以下几个方面。

第一，正确动作示范。教师在进行动作示范时应当关注自己动作的准确性，帮助幼儿建立动作的正确认知。当发现很多幼儿都存在相同的错误情况时，教师应当以正确动作示范为主，用语言或者局部动作提示幼儿即可，尽量避免模仿完整的错误动作，尽管教师的初衷是为了帮助幼儿避免这些动作，但是，这依然会干扰幼儿动作的认知。

第二，动作示范与语言讲解相结合。教师进行动作示范时可以同时搭配语言讲解，语言讲解要注意语言简练、生动，用幼儿能够理解的方式介绍这个动作。比如在示范跑步的时候要提示“摆臂”，在示范投掷的时候要提示“抬起头”等。

第三，让所有幼儿都能看到示范动作。在人数较多时，为了让所有幼儿都能看到示范动作，教师应当关注幼儿的站位。以教师示范为例，可以采用教师站在中间，幼儿围绕教师的方式，也可以采用幼儿站成两排面对面的横队，教师站在中间的方式。第一种方式耗时少、容易组织，适合小结中使用；第二种方式不会遮挡幼儿视线，也能够给教师更大的示范场地，适合用于介绍游戏玩法和活动总结，因为这两个环节本身就需要教师集合幼儿，同时也需要教师做更加细致的讲解。

2. 情境教学法

3～6岁幼儿的思维模式以具体形象思维为主，这要求教师在教学过程中利用语言、设备、游戏、音乐、绘画等手段，为幼儿创设具体、生动、形象的氛围和情景。在活动中贯穿一定的情境和游戏，通过问题情境和游戏情境的方式，可以激发幼儿参与活动的兴趣和积极性，并能做出相应的反馈。例如教师在组织侧面钻的教学活动中，以小红军抢夺敌方阵地引发游戏情景，并在整个活动中，幼儿始终扮演小红军的角色，通过侧面钻的方式通过“敌人封锁区”，到达“敌方阵地”，将整个活动过程融入游戏情景当中，激发并保持幼儿的参与兴趣，让幼儿在快乐的游戏中学习侧面钻的动作技能。为了让幼儿沉浸于游戏情境当中，教师还可以借助具体形象的玩具和教具，比如在小班体育活动“小兔子运萝卜”的游戏中，可以给幼儿戴上兔子耳朵，让幼儿更好地融入小兔子的角色中；再如大班小红军“过草地”的游戏中，通过给幼儿戴上小军帽，让幼儿更加认可自己小红军的游戏角色。

3. 讲解法

讲解法就是通过教师的解说来达成教学目标的方法，在一节体育活动中的各个环节都会用到讲解法。在活动导入时，教师要通过生动形象的表述将幼儿带入到游戏情境当中；在介绍游戏玩法时，教师要通过条理清晰的表述让幼儿快速理解游戏玩法；在游戏进行时，教师要通过准确凝练的词语，提示幼儿游戏规则和安全要点；在活动小结和总结时，教师要详略得当地概括游戏过程。

之所以在体育活动中要求教师的语言要做到生动形象、条理清晰、准确凝练、详略得当，根本的原因是一节体育活动的时间是有限的，教师“说”的时间多了，幼儿“玩”的时间就会变少，前面提到的诸多要求就是为了用最少的时间达成各个环节的目标。

4. 提问法

为了推动体育活动的进行，教师在设计体育活动时经常会用到提问教学法。提问的方式有很多，包括鼓励性提问、矛盾性提问、发散性提问、开放性提问、层次性提问、积极有效追问等，利用多种提问方式帮助幼儿掌握动作要领的核心经验。例如在双脚连续前进跳的活动中，教师首先可以向孩子们进行开放性提问“小兔子都可以怎样跳?”幼儿自由探索后，总结分享多种跳的经验。然后教师进行聚焦性的提问“那么双脚连续跳需要怎么做?”当幼儿说出“双脚合并、连续向前跳”时，教师还可以继续进行层次性提问“除了这些，怎样才能跳得远一点、高一点?”鼓励幼儿继续探究双脚跳的动作等。通过上面的例子不难看出，教师通过开放性提问引发幼儿思考，此时的思考只是浅层次的，教师要根据幼儿的回答和在游戏中的表现进行追问，在教师的不断追问中，幼儿的思考也会逐步深入。

（六）设计活动内容和教学程序

为了达成体育活动的目标，一次完整的体育活动是由开始部分、基本部分和结束部分组成的。在开始部分，教师通过活动导入和热身活动，帮助幼儿从平静状态逐步过渡到运动状态；在基本部分，教师组织游戏化的体育活动，使用各种教学方法，突出教学重点，突破教学难点，让幼儿在游戏中得到发展，达成本次活动的目标；在结束部分，教师通过总结和放松，帮助幼儿提升活动收获，并慢慢从运动状态恢复到平静状态。

1. 开始部分的设计

开始部分通常由活动导入和热身两部分组成。

（1）活动导入。

活动导入的目的在于激发幼儿参加体育活动的兴趣和愿望，更好地融入游戏中，活动导入通常采用情境教学法，以游戏情境叙述或游戏情境中的某个问题引出活动内容。以中班投掷活动“打跑大灰狼”为例，教师在开始时可以播放一段低沉音乐告诉孩子们大灰狼要来羊村抓小羊了，你们愿不愿意争当小勇士帮助小羊们打跑大灰狼呢？教师通过营造这样的情境，很快就激发了幼儿参与的兴趣和积极性。

通常教师创设游戏情境可以从以下几个方面入手，如和小动物做游戏、小士兵训练、闯关小达人、生活情景等，这些素材都可以作为游戏情境运用到活动导入之中。

（2）热身。

1）热身的目的。热身的目的是帮助幼儿从平静状态逐步进入运动状态。进入运动状态后，幼儿的神经兴奋性会适度提高，心率加快，呼吸加深，体温也会升高，此时，身体供氧能力会提高，肌肉粘滞性降低，肌肉收缩更有力量，关节活动幅度也会更大，这些身体改变会提高幼儿在体育活动中的运动表现。

2）热身的注意事项。为了达到热身的目的，教师在组织热身的时候还需要注意以下几个方面：第一，热身环节应当具有一定的运动量，只有幼儿参加具有一定运动量的热身时，呼吸、心率、体温等才能达到运动时所需的状态，跑步或者小游戏都能达到这个效果。第二，热身时间是有限的，教师要根据活动内容合理安排热身内容，活动重点部位，这里所说的重点部位指的是在基本部分中幼儿用到的最多的身体部位，简而言之，“活动中用到哪儿，热身时动到哪儿”。比如幼儿在完成手脚爬的动作时重点用到了腕关节和踝关节，热身时就要重点活动手腕和脚踝，同样地，做投掷活动前要重点活动肩关节和腕关节，跑跳前要重点活动踝关节、膝关节、肩关节。第三，将热身环节游戏化，热身是体育活动的第一个环节，形式相对单一，这就要求教师通过热身环节的游戏化，达到吸引幼儿参与活动，认真参与热身的目的，通常来说，教师可以将基本部分中的游戏情景融入热身中，比如在追逐游戏“猫捉老鼠”中，部分幼儿扮演小猫去追逐其他幼儿扮演的小老鼠，教师扮演鼠妈妈的角色带着小老鼠们做热身。

3）常用的热身形式。热身最简单的形式是跑步和热身操：组织跑步相对简单，而且跑步能够快速升高体温，提高心率；热身操能够选择性地活动身体不同部位，二者集合能够有效达到热身的目的。在做热身操时，教师需要注意三点：第一，注意幼儿之间的距离，保证相互之间不会碰到，教师可以采用“直升机”动作划出自己的热身范围，也就是张开手臂，原地转圈，找到一个碰不到其他幼儿的位置；第二，教师带领幼儿做热身操时，动作幅度要做到位，保证幼儿能够准确感知热身动作；第三，由于膝关节和颈椎构造的特殊性，在活动膝关节时只能前后运动，不能绕环，在活动颈部时可以前、后、左、右活动，也可以前绕半圈、后绕半圈，不能让幼儿绕整圈。

除此之外，教师还可以选择某些小游戏进行热身，进一步提升活动的趣味性，但是为了达到热身的目的，这类游戏应当具备三个特征：第一，幼儿熟悉或者规则简单，减少教师介绍游戏的时间；第二，运动强度适中，能够达到升高体温、提高心率的目的；第三，游戏内容能够让活动重点部位得到运动。比如在投掷活动前玩“火车钻山洞”游戏，幼儿手拉手围成一个圈，一名幼儿从另外两名幼儿之间钻过去，其他幼儿跟着钻过去，这个游戏具有一定的运动量，也会活动到肩关节和腕关节，这两个关节都是投掷动作中需要用到的部位。

2. 基本部分的设计

体育活动基本部分的设计核心是突破教学重难点和达成活动目标，围绕这一核心，教师应当在设计基本部分内容的时候，充分考虑游戏形式和采用的教学方法。在具体教学实践中，教师会根据3～6岁幼儿的年龄特点，以游戏的方式组织基本部分，根据活动内容和活动目标的不同，教师可以选择开展不同类型的游戏，以最为常见的规则游戏和探究游戏为例。在规则游戏中，幼儿要按照游戏规则完成游戏任务，基本流程是介绍游戏规则、游戏、小结、再次游戏和再小结；在探究游戏中，教师制定基本的游戏规则和游戏目标，提供必要的玩教具，幼儿通过多次探究和小结，找出恰当的解决方法并完成游戏，基本流程是介绍游戏规则、探究、小结、再次探究和再小结。教学方法是教师达成教学目标的工具，在基本部分的各个环节，选择哪种教学方法，如何使用这种教学方法，在很大程度上会影响到重难点的突破和活动目标的达成。

（1）介绍游戏的玩法。

该环节的目标是帮助幼儿记忆和理解游戏规则和游戏流程。由于幼儿集中注意力的时间比较短，语言理解能力有限，教师应当充分使用多种教学方法，帮助其达成该环节的目标。

讲解法是介绍游戏规则最重要的教学方法。在使用讲解法时，要注意语言的条理清晰，相比于“一段式”的介绍方式，使用“先”“后”“再”或者“第一步”“第二步”“第三步”等词语，将连贯的游戏玩法按顺序拆分成多个步骤，能够使幼儿更容易理解游戏的玩法。在此基础上，如果将各个环节抽象成一个句子或者一个词语，在介绍完规则之后，以句子或者词语的形式总结游戏玩法，能够进一步降低幼儿的认知难度，比如在“勇夺小红旗”游戏中，教师在介绍游戏规则之后，可以使用“第一步排队，第二步侧面钻山洞，第三步取回小红旗”进行总结。

通常对于规则比较简单的游戏，单纯使用讲解法就能够达成本环节的目标。但是，当游戏路线比较长、游戏规则比较多、游戏动作具有一定的难度时，单纯使用语言讲解，幼儿很难完全理解，讲解法配合示范法和提问法能够有效解决这一问题。示范法即可以示范游戏的路线、玩法，也可以示范游戏中做重点动作的方法，在示范游戏的路线玩法时，教师可以在正式游戏之前邀请个别幼儿在老师的帮助下先玩一次游戏，在这个过程中，其他幼儿就能够直观地看到游戏的路线和玩法了；在示范游戏中重点动作的方法时，教师可以一边做动作示范，一边讲解动作要领，之后通过幼儿原地练习，帮助他们建立初步的动作概念。在教师介绍完游戏规则之后，直接向幼儿提问游戏规则或游戏流程是了解幼儿是否理解和掌握游戏规则最为直接有效的方式，这也就是提问法在该环节的最大价值。

（2）幼儿游戏。

在教师介绍完游戏规则之后，幼儿开始正式游戏。通常教师可以组织两三轮游戏，每轮游戏结束之后通过小结回顾游戏过程。第一轮游戏是该游戏的基本玩法，主要目的是让幼儿熟悉游戏规则、体验游戏玩法，后面的游戏内容在第一轮游戏的基础上，通过改变游戏任务、场地、教具逐步提高游戏难度。

在第一轮游戏中，不管是规则游戏还是探究游戏，应当尽量减少不必要的游戏规则，只保留游戏的基本玩法，还要降低游戏难度，保证所有幼儿都能够顺利完成。对于幼儿来说，初次接触陌生游戏时，过多的游戏规则、过于复杂的游戏玩法会极大地增加游戏的难度，幼儿在玩游戏的时候会把过多的注意力放在游戏规则上，而不能全身心地投入到游戏之中；而且，如果第一次游戏的难度太大，游戏失败而产生的挫败感也不利于吸引幼儿的游戏兴趣。比如在中班跨跳游戏“勇敢的小红军”游戏中，幼儿在游戏中只需要跑步时跨过一定高度的障碍物，第一轮游戏只需要使用低矮的障碍物即可，随着游戏的进行和幼儿能力水平的提高，逐步提高障碍物的高度。

第一轮游戏之后，幼儿已经能够熟练掌握游戏的玩法，成功的游戏体验也提高了幼儿参与游戏的积极性。第二轮游戏就需要提高游戏难度，教师在设计第二轮游戏时，可以在第一轮游戏的基础上通过改变游戏场地、教具、任务来提高游戏难度。第一，改变游戏场地是简单的提高游戏难度的方式，在幼儿园常见的游戏场地包括塑胶场地、人造草坪、草地、沙地、硬化地面等。以追逐游戏为例，幼儿在塑胶场地和人造草坪追逐时，由于场地宽阔、平整，表面松软、摩擦力大，当设计游戏难度较低的追逐游戏时，就可以在这类场地开展；而草地和沙地表面凹凸不平，不利于追逐奔跑，当设计游戏难度较高的追逐游戏时，就可以在这类场地开展。此外，改变场地大小也可以改变游戏难度，比如扩大追逐游戏的场地时，被追逐幼儿会有更大的闪避空间，也就更不容易被抓住。第二，改变教具是最常用的提高游戏难度的方式，常用的改变教具的方式包括增加或减少数量、改变尺寸、改变位置等，比如提高跨跳游戏的难度时，可以增加障碍物数量，使用尺寸更大的障碍物，缩短两个障碍物之间的距离，还比如在走平衡木的游戏中，通过增加平衡木数量，使用更高、更窄的平衡木都可以提高游戏难度。第三，由于受制于幼儿园现有条件，通过改变游戏的场地和教具来提高游戏难度的方式会受到一定程度的制约，所以改变游戏任务就是最为灵活的提高游戏难度的方式。改变游戏任务的方式有很多，常用的方式有改变游戏模式，改变游戏人数，改变游戏动作，改变游戏路线，增加游戏内容等，比如将原有游戏改为分组竞赛模式，能够提高游戏难度；将原有两组接力游戏改为四组接力游戏，能够缩短游戏间隔，以此提高难度。对游戏动作的改变可以从两个方面进行思考：第一个是改变动作类型，比如在接力游戏中，把原有的跑步动作改为双脚跳或单脚跳动作，把正面钻改为侧面钻，把手膝爬改为手脚爬；第二个是改变动作模式，比如改变动作方向，把向前双脚跳改为侧面双脚跳或向后双脚跳。

（3）游戏小结。

在幼儿游戏过程中，教师除了要组织游戏之外，还要留心观察幼儿游戏情况，重点关注幼儿游戏过程中遇到的困难和存在的问题。如何帮助幼儿克服困难、解决问题，就是游戏小结部分的主要内容。

如何发现幼儿在游戏中遇到的困难和存在的问题，是教师在小结中首先要考虑的。描述故事，再提出问题，是最为常用的方式，比如通过观察发现幼儿在追逐游戏中多次发生碰撞时，教师通过“在刚才的游戏中老师看到××和××两位小朋友不小心撞到一起了”描述游戏过程中的故事，再通过“你们有没有在游戏中撞到别的小朋友？我们应该怎么保护好自己，不撞到别人?”提出问题，引发幼儿思考和讨论。

在引出问题之后，教师应当首先听取幼儿的意见，在幼儿说出自己的意见时，教师应当注意，由于幼儿语言表达能力有限，可能出现幼儿表达不清楚的情况，教师在幼儿说完之后，可以用简短几句话总结幼儿表达的意思，并询问“你想说的是这个意思吗?”，帮助其他幼儿准确理解。在多位幼儿表达之后，教师要总结几位幼儿的意见，“刚才小朋友们想到了很多好方法来保护自己，我们可以跑得慢一些，可以在跑的时候注意观察周围，还可以在人少的地方跑”，以此来帮助幼儿准确把握解决问题的方法。在幼儿表达不全面或者不准确的时候，教师就可以提出自己的方法。

（4）集合与队形。

在体育活动中，教师在导入、热身、小结、放松时，都需要将幼儿集合起来。由于体育活动场地比较大，活动时间有限，如何把幼儿快速集合起来就是教师在活动设计阶段需要考虑的问题。

教师要给出一个清晰准确的集合信号。在集合的时候，常用的集合信号包括哨声、口令、音乐。口哨的声音清晰、响亮，传播范围广，幼儿能够很容易从嘈杂的环境中辨识出来哨声信号，所以口哨是教师在体育活动中最常用的工具。通常教师会用一短一长两个哨声传达集合的信号；直接喊出“集合”口令同样能够传递集合的信号，而且口令的准确性和多样性要强于口哨；在幼儿游戏过程中有背景音乐的情况下，可以直接以背景音乐开始和结束作为游戏开始和集合的信号。由此可见，这几种集合信号都能达到提示幼儿集合的目的，各有各的优势，教师可以根据实际情况选择不同的集合信号。需要注意的是，教师要有一套固定的集合信号，避免混淆。

教师要指示集合队伍的方向和队形。幼儿听到集合信号之后，从场地各处回到教师身边，为使幼儿很快找到自己的位置，教师需要给出一个明确的队形信号。这里的队形包括两个要素：第一是队伍方向，幼儿集合之后要面对教师，所以教师要提前站好位置，并在幼儿集合期间不能移动，在队伍方向的选择上，除了要有利于接下来活动的开展外，还要考虑到幼儿站好之后要背光、背风；第二是队形，常用的队形包括一列纵队、两列纵队、区分男女的两列纵队、一排横队、两排横队、围成圆圈、分散站。教师可以通过以下方式明确指示集合队形。

一列纵队：教师面对幼儿向前伸直一只手臂，幼儿沿着手臂的方向排成一列队伍。两列纵队：教师面对幼儿向前伸直两只手臂，幼儿沿着手臂的方向排成两列队伍。区分男女的两列纵队：教师双手可以分别做出拳和掌的动作，以此来标识男孩和女孩的站队位置，这种队形特别适合带队行进和分组游戏。一排横队：幼儿先站成一列纵队，再通过原地转向，变成一排横队，同样的方法可以变换出两排横队。在地面有标记线、标记点的情况下，教师可以引导幼儿站到标记线、标记点上，能够快速完成队列，这种方法特别适合小班幼儿。

3. 结束部分的设计

结束部分时长 3～5 分钟，是一节体育活动的最后部分。教师要帮助幼儿放松身心状态，结束本次活动，为接下来的一日生活做好准备。结束部分主要包括放松活动、活动总结、回收玩具 3 个环节。

（1）放松活动。

在体育活动中，放松活动是结束部分最重要的内容，也是非常容易被忽视的一个环节，这个环节的目的是帮助幼儿从运动状态慢慢恢复到平静状态。放松活动有两个方面的意义：首先，从身体健康方面讲，在进行强度比较大的运动时突然停止运动对身体是有害的；其次，从活动总结和幼儿园一日生活方面讲，运动状态情绪亢奋，呼吸心跳频率加快，没有经过放松活动恢复到安静状态，既不利于教师总结体育活动内容，也不利于幼儿参与接下来的一日生活。

放松活动时长比较灵活，教师应当根据基本部分的内容和气温调整放松时长。在基本部分运动量比较小、春秋季节气温适宜的时候，可以适当缩短放松活动时长；在基本部分运动量比较大、冬夏季节气温过高或者过低时，应当适当延长放松活动时长。在组织幼儿玩追逐跑游戏时，幼儿会长时间跑动。在基本部分结束后，幼儿会表现出情绪高涨、面色发红、心跳加快、呼吸急促、大量出汗等现象，此时突然停止运动，不利于排出身体在运动时产生的代谢产物，容易出现肌肉酸痛的情况。教师在组织这类运动量比较大的活动后，应当适当延长放松活动时长，通过逐渐降低运动强度的放松活动，帮助幼儿慢慢恢复到平静状态。在冬季组织体育活动时，基本部分结束后幼儿体温较高，不做放松活动直接穿上外衣，幼儿会继续出汗，稍不注意就很容易受凉，如果通过放松活动帮助幼儿慢慢恢复正常体温，就可以避免出现这类情况。

放松活动的内容主要包括走、慢跑和拉伸动作。刚刚结束运动之后，如果幼儿呼吸急促、心率较快，可以通过走、慢跑帮助幼儿慢慢平静下来。运动之后肌肉处于紧绷状态，拉伸动作能够有效帮助肌肉放松下来，避免运动后抽筋和肌肉酸痛的情况发生。单纯地走、跑、拉伸动作缺乏趣味性，很难引起幼儿的兴趣，在实践中，可以将放松活动融入游戏情景，赋予幼儿游戏角色，提高幼儿参与放松活动的积极性。

（2）活动总结。

活动总结是整个活动的收尾环节，该环节要指向活动目标，具体内容包括回顾活动内容和总结幼儿成长。教师可以按照时间顺序回顾活动内容，需要注意的是，在有游戏情景的体育活动中，要在游戏情景内进行活动总结，并在总结之后结束游戏情景。由于时间有限，教师语言要精简。比如在总结“小小消防员”活动时，教师可以回顾道：“感谢小小消防员们不怕困难，穿过各种障碍，到达火场并成功灭火。”

（3）回收玩具。

活动总结结束后，师生可以一起回收玩具。

三、幼儿体育活动设计案例

1. 活动名称

中班体育活动：“英勇的小士兵”。

2. 活动由来

随着国庆节的来临，孩子们对于爱国、抗战等话题表现出浓厚的兴趣，红军、解放军也成为他们崇拜的偶像，在表演区中孩子们经常自发地扮演军人的角色。教师可通过孩子们感兴趣的题材，将孩子们热爱祖国、热爱解放军的情感融入体育活动中，满足他们的兴趣点，将爱的教育融入体育活动。

3. 活动目标

（1）学习侧面钻的方法，初步掌握侧面钻的动作要领。

（2）练习侧面钻的动作，发展身体协调素质。

（3）在挑战游戏困难时逐步养成自主、勇敢的良好品质。

4. 活动准备

经验准备：幼儿已经掌握正面钻的动作技能。

物质准备：宽阔平坦的场地，宽度稍小于幼儿肩宽的拱形门 16 个，小红旗 30 个。

5. 活动重难点

活动重点：幼儿能够使用侧面钻的动作依次通过拱形门。

活动难点：幼儿在侧面钻时能及时弯腰低头、移动重心。

6. 活动过程

（1）开始部分。

热身活动：

1）教师创设军事题材游戏情景，带领幼儿活动身体各部位，重点活动膝关节和踝关节。

2）幼儿跟随音乐进行热身。

（2）基本部分。

1）引导幼儿探究钻过拱形门的动作，提出侧面钻的动作要领。

教师："小士兵们，我们接到任务，很快我们就要去深山作战了，深山里有很多非常窄的山洞，我们今天就先来练习一下如何过山洞吧！"

幼儿分成两组，探索钻过"山洞"的方法。

游戏小结，幼儿分享并示范自己钻过山洞的方法，教师总结幼儿的动作方法，并在此基础上提出侧面钻的动作要领。

2）幼儿尝试用侧面钻的动作完成游戏任务。

教师示范侧面钻的动作方法，并讲解动作要领"侧过身、蹲下来、脚先过、头后过"。

幼儿分两组尝试练习，教师提示动作要领。

在幼儿练习的过程中，教师不断提示侧面钻的动作要领。

在小结中，幼儿交流分享经验。

3）游戏：勇夺小红旗。

将拱形门分成 4 组，每组 4 个摆成一排，相邻两个拱形门间隔 2 米距离，并在 4 组拱形门的终点放置小红旗。

将幼儿分成 4 组，游戏开始后，每组第一名幼儿出发钻过第一个"山洞"后，第二名幼儿即可出发，幼儿使用侧面钻动作，钻过每个"山洞"后，在终点取回一面小红旗插在队伍前面。

小红旗取完之后游戏结束，取得小红旗最多的组胜利。

教师在游戏过程中要提示幼儿侧面钻的动作要领。

幼儿在小结中分享学到的本领和成功的喜悦。

（3）结束部分。

1）幼儿收拾并整理活动器材。

2）教师引导幼儿跟随音乐相互进行放松。

3）活动结束。

第二节　幼儿园体育活动的评价

幼儿园体育活动评价是指对教师开展的体育教学实践活动实施的具体情况以及幼儿发展情况的总体评价，其目的是掌握幼儿体育活动的现状，了解教师的发展状况。幼儿体育活动评价是提升幼儿园健康领域课程建设，促进教师专业发展，幼儿身体健康发展的需要。因此，评价要从幼儿教师双发展的角度出发，并具体化地渗透于各项评价指标，为幼教工作者从观念到行为的转变提供操作性的“指南”，为幼儿体育教学诊断和质量提高提供依据，促进园所保教工作质量的有效提升。

一、幼儿园体育活动的评价原则

幼儿体育活动的评价是了解体育教学活动的适宜性、有效性，调整和优化教学活动，促进每个幼儿身体动作发展，提高体育教学活动质量的必要手段。对幼儿体育活动组织实施的评价和教育反思，不仅有助于及时发现、研究和解决幼儿在活动中动作学习与练习及身心发展存在的问题，而且有助于提高幼儿教师的专业化水平。学前儿童体育活动的评价过程也是教师更好地掌握幼儿身心发展特点以及体育教学活动规律的过程。在对幼儿体育活动进行评价时应遵循以下三个原则。

（一）方向性原则

幼儿体育活动的评价，实质上是对体育活动目标实现程度做出的价值判断。目标具有规定行动方向，指导教学实践的作用，可以使教学活动有目的、有计划地实施，而不是随意盲目地进行。目标不明确或者目标错误将导致体育活动方向的偏离和教学质量的下降。因此，学前儿童的体育活动评价必须保证正确的方向，必须以教育部颁发的《纲要》和《指南》为依据，以幼儿身体健康发展需要为主线来开展相应的评价。

（二）发展性原则

对幼儿体育活动的评价应注重对过程的评价，对过程的评价主要是通过揭示存在的问题，向执教教师及时反馈相应的问题和信息，以促进教学工作的改进。通过评价了解儿童的发展需要，以便教师为幼儿提供更适宜的指导和帮助，从而促进幼儿身心的发展。

（三）静态评价与动态评价相结合的原则

幼儿体育活动中的静态评价，便于看清每一个年龄阶段的幼儿是否达到了某种标准，是幼儿之间的横向比较，从而发现某一幼儿成长中的问题；动态评价的运用，是每个幼儿的纵向比较，便于看清各自的变化过程，从而发现其发展的规律。

二、幼儿园体育活动的评价方法

通常对儿童体育活动中的评价主要从生理负荷和心理负荷两个维度来评价，常用的评价方法主要有日常观察法和测定法，测定法主要是对幼儿的脉搏和心率进行测定。

（一）日常观察法

日常观察法是所有幼儿教师在组织实施体育活动中最常用的一种评价方法。主要是从幼儿动作完成的质量及掌握的熟练程度和标准程度以及运动中（幼儿面色、呼吸、出汗量、幼儿注意力等）和运动后（食欲、睡眠、精神）幼儿的身体状态来判断运动量是否适宜。具体可参考表 8－1 所示内容。

表 8－1　幼儿运动中与运动后身体状态观察表

运动状态	观察指标	轻度疲劳	中度疲劳	过度疲劳
运动中	情绪	愉快	稍有疲倦	精神疲乏
	面色	略红	比较红	苍白
	出汗量	一点点	较多	大量出汗
	心跳、呼吸	稍微快	明显加快	急促，紊乱
	动作	准确	摇摆不定	失调不稳
	注意力	集中	较难稳定	分散，略有迟钝
运动后	食欲	良好	一般	下降
	睡眠	良好	一般	睡眠不安

（二）脉搏或心率测定法

与观察法相比，脉搏及心率测定法是一种比较客观的评价方法。它通过对幼儿脉搏及呼吸频率的测定来观察孩子的身体在运动中和运动后分别处于一个什么样的状态。通常幼儿园最常用的是脉搏测定，通过在体育活动中，多次测定幼儿的脉搏并进行记录，掌握幼儿在运动中脉搏的变化，以此来分析运动负荷的安排是否合理。

在对幼儿进行脉搏测定前，测试的教师需要提前了解到主班教师组织的体育活动的内容与教学过程，并在活动时准备好秒表和记录表，然后与主班教师商量确定好要测定的对象。通常选择一两名有代表性的幼儿，选择所测定对象的运动水平最好是班级中运动水平中等的幼儿。确定好测定对象后，教师要提前与幼儿进行沟通，并告知幼儿，让幼儿有一个心理准备，消除幼儿对测试的恐惧感，并能积极与老师进行配合。

在体育活动开始前的 5 分钟，负责测试的教师首先对选定的对象测量相对安静状态下的脉搏数。幼儿开始运动后，可以采取练习前和练习后测定。通常是指在主要的动作练习或者在能使运动量有明显变化的练习前和练习后进行测定。在幼儿运动结束后，需要再次测定脉搏恢复情况。

测定结束后，教师将所测试数据换算成每分钟心率。通常认为幼儿在体育活动中的平均心率为 140～170 次/分，不超过 180 次/分、不低于 130 次/分是比较适宜的。

三、幼儿园体育活动的评价内容

幼儿体育活动的评价包含多方面的内容，评价的途径、方法、手段和类型等也是多样化的。因此评价要贯穿整个活动的每一个环节，注重幼儿动作发展状况、活动中幼儿的兴趣表现及动作学习过程等。幼儿体育活动评价的内容主要从教学目标制定的适宜性、体育活动准备工作的充分性、实施过程的科学性与合理性、实施后教师的反思与活动效果四个方面来考虑。

（一）评价体育活动教学目标制定的适宜性

教学目标是对教学后幼儿能表现出来的动作掌握情况和身体素质状况的可见行为的具体、明确的表述。教学目标的制定是体育教学活动的关键，它决定着体育教学的总方向，决定着活动实施过程中教学策略、教学过程等的设计，因此在开展幼儿园体育活动评价时，一定要评价执教教师的教学目标制定得是否适宜。

要评价幼儿体育活动目标的适宜性，可以从以下三点进行思考和判断。

1. 评价目标的表述是否准确，具有层次性

要评价一次体育活动目标的适宜性需要看看活动目标表述得是否准确并富有层次、目标表述的行为主体是否一致。活动目标要么统一从教师角度进行表述，要么统一从幼儿角度进行表述，从突出学前幼儿的主体性来说，在制定目标时最好从幼

儿角度出发，同时表述时要注意用词的准确性以及语句的流畅和通顺。

案例 1

一位教师这样表述目标：助跑跨跳距离不少于 30 厘米的障碍物，引导幼儿锻炼下肢力量。这样的表述就存在角度不统一，前半句从幼儿角度，后半句从教师角度。为了保证目标表述角度的一致性，可以修改为：幼儿能助跑跨跳距离不少于 30 厘米的障碍物。

案例 2

一位教师在设计一节拍球的活动时这样表述目标：学习拍球，体会拍球乐趣。这样表述比较抽象不够具体准确，拍球方法有很多，是单手拍球还是双手拍球？教师在制定目标时，一定要进行准确的描述。

案例 3

一位教师在设计民间体育游戏时，将目标表述为能够遵守游戏规则，在游戏中幼儿双膝夹包跳。这样的目标表述，其准确性也有问题，表述不够通顺，双膝夹包跳是一种技能，技能的获得是在跳房子的游戏中发展起来的。因此，可以修改为能够遵守游戏规则，在游戏中提高幼儿双膝夹包跳的能力。

2. 评价教师对体育活动目标的定位是否全面

教师在目标的设定上要考虑 3～6 岁不同年龄段的幼儿发展水平的差异、幼儿的兴趣、幼儿的接受能力以及幼儿参与体育活动的程度等。目标的制定应该全面，包括情感态度、认知及动作技能三个维度，同时要做到重难点突出。在目标的设置上要防止出现片面性，避免只注重知识技能而忽略幼儿情感和社会性发展的情况。只有幼儿积极主动参与活动、在体育活动中充分体验并感受游戏的乐趣，在愉快的学习中获得身体素质和动作技能发展的体育活动才是好的课程。

3. 评价活动目标的达成情况

一次体育活动结束后，教师要分析制定的活动目标是否全部实现了。在评价活动目标达成情况时一定要考虑活动的及时效应以及发展的潜在性问题，需要从长远角度以及幼儿的健康是否全面发展来考虑。

（二）评价体育活动准备工作的充分性

1. 评价教师对幼儿原有经验及发展水平的分析与把握

好的体育活动一定要链接幼儿的原有经验与发展水平，是在幼儿原有经验的基础上“跳一跳”，既不能过于容易，也不能缺乏挑战性，一定是在幼儿的最近发展区内。因此，作为教师在制订教学计划时，一定要对幼儿的原有经验进行分析与了解。但是幼儿原有经验是非常个性化的，所以，教师要面向全体幼儿，基于本班幼儿的具体情况进行分析。

案例

一位小班教师发现本班幼儿对小兔子特别感兴趣，并经常模仿小兔子在班级和操场上跳来跳去。基于幼儿的兴趣点，教师准备生成一节关于双脚连续向前跳——小兔采蘑菇的集体教学活动。在制定教学活动目标时，教师凭主观想象，认为双脚合并连续向前跳应该是活动的难点，孩子还不具备这个经验。围绕这个难点目标，教师强调孩子们双脚合并这一动作规范并体现在每一个环节。但是在教学组织与实施的过程中，发现绝大部分幼儿第一次探索就能够做到双脚合并向前连续跳，存在的问题是很少有幼儿在起跳时能够做到双脚屈膝向前连续跳，但教师没有关注到这一点，最终使本节活动对于幼儿来说太过简单，而且没有准确掌握核心动作之一双腿屈膝向前连续跳。从这个案例可以看出，教师制定的活动目标相对于幼儿原有经验来说过于简单，归根到底在于教师对本班幼儿动作实际发展状况的观察与了解不够细致。因此，一节好的体育活动一定是基于幼儿原有经验的准确分析与把握之上的。

2. 评价活动器材的选择、投放以及利用是否科学有效

活动器材是体育活动的物质支柱，是幼儿进行活动的工具。器材投放得是否科学得当，对幼儿的发展起着决定性作用。

（1）评价投放器材是否多样化和动态性。

评价幼儿体育活动的材料准备与投放是否科学合理时，一定要结合班级幼儿的实际发展情况以及该次体育教学活动的重难点来考虑，看看其是否具有多样化和动态性。例如在小班投掷活动中，材料的投放可以以给小动物喂食的情境来创设，投放多个画着不同动物大嘴巴的纸箱，例如兔子、小猪、小猫、小狗等，还可以多种投放方式相结合，如将动物头像固定在呼啦圈上，将呼啦圈悬挂起来，引导幼儿进行投掷等。这样活动材料不仅体现出多样化，还体现出动态性。

（2）评价投放材料是否具有层次性。

评价体育活动时，还要特别注重评价投放的材料是否具有层次性。投放的材料器材既要符合幼儿的原有水平，又要能促进其在原有水平上发展。在面向全体幼儿的同时还要兼顾个别差异，如在大班体育活动匍匐爬的游戏情境中，教师要根据班

级幼儿能力水平的差异，将山洞中铃铛高度的设置体现出层次性，能力强的幼儿从低一点的山洞爬过，能力弱一点的幼儿可以从高一点的山洞通过。

（三）评价体育活动实施过程的科学性与合理性

1. 评价活动组织的方式与方法是否得当

所谓活动组织方式与方法是否得当，是指教师用有效的方法组织幼儿主动学习，达成活动目标，让幼儿获得真实的发展。幼儿的学习不是一个简单的过程，而是一个积极主动的建构过程。因此，评价时首先要看教师设计的教学过程是用什么方法让幼儿学习的。

例如在练习抛接球时，A教师在活动开始时就直接给幼儿示范如何正确抛接球，并讲清楚注意事项，接着组织幼儿按照示范的正确方法去游戏，并逐一指导。B教师在组织时，先和孩子们一起讨论，然后组织幼儿自由探索，自由探索结束后，大家在一起分享经验，总结好的方法，之后教师再进行正确示范，最后让幼儿继续去练习。

上述案例中，两位老师实施的教学活动，目标都是引导幼儿学会抛接球，但两者所采用的教学方法与组织形式是截然不同的。前者直接告诉幼儿正确的方法，后者则是教师先抛出问题与幼儿一起讨论，再让幼儿进行验证性操作。在自由探索环节中，每个幼儿充分进行感知操作并发现问题，然后针对探索过程中发现的问题进行总结，提炼，教师再给予正确示范，幼儿在此基础上再进行练习。教师让幼儿通过自己主动探索得出结论，这点是值得肯定的，教师调动了幼儿各种感官让他们主动参与学习，因此，在评价时要对教师的这种做法予以肯定。

2. 评价活动实施中组织、分工是否合理

一节好的体育活动的实施通常需要主班教师和配班教师的通力协作才能完成。主班教师在组织幼儿进行动作技能的探索、练习的过程中，通常会以小组的形式来开展，这样更有利于避免孩子的消极等待，同时增加孩子活动的频次。配班教师在此时是否心中带着目标去指导幼儿，是否关注到个别差异也是评价活动实施的一个关键要点。因此，体育活动实施中的组织、领导、分工和协调，成为幼儿体育活动目标达成的重要保障。

（四）评价体育活动实施后教师的反思与活动效果

1. 评价教师的反思是否全面

活动反思是促进教师专业化成长的最有效的方法之一。通常在评价体育活动实施后教师的反思情况主要从以下几个方面考虑：教师对本次活动的目标定位，重难点达成的反思，活动准备、教育环境创设的反思，实施过程中采用教学策略的反思，

幼儿学习状况以及活动效果和本次活动的优点和缺点等，可通过以上要点评价教师的反思是否全面。

2. 评价活动的效果是否达成

评价完教育目标、活动准备、教学组织与实施后，通常还要对活动的教学效果进行评价。要围绕目标进行评价，看看教师有没有调动幼儿学习的积极性；幼儿有没有在体育学习中表现出良好的学习品质和意志力、专注力，是否为达成目标而不懈努力，有没有积极地动脑动手进行探索和练习，有没有很好地掌握动作技能和要领等。

案例

中班“我是解放军”活动反思

一、内容选择与目标制定

首先从内容的选择上来说，2019 年是祖国 70 周年华诞，在观看国庆阅兵仪式与欢度国庆节后，班级幼儿对解放军产生了浓厚的兴趣，解放军成为孩子们模仿的对象和谈论的话题。在室内体育游戏时，发现幼儿在钻桌子宽和窄边的时候大多数幼儿采用正面钻的方式，侧面钻的动作发展较弱，《纲要》中指出，教育内容要符合幼儿当前发展的需要，同时要为幼儿长远发展奠定基础。4～5 岁幼儿在钻爬动作的发展中应掌握侧面钻的动作技能，因此，结合幼儿的兴趣和发展需要，我设计和生成了本次健康领域体育教学活动。

从目标的制定来说，本次活动的知识经验目标是学习侧面钻的方法，初步掌握侧面钻的动作要领，技能方法目标是练习侧面钻动作、发展身体协调素质，情感态度目标是在挑战游戏困难中逐步养成自主、勇敢的良好品质。本次教学活动的重点是幼儿能够使用侧面钻的动作依次通过拱形门，这是本次活动最基本、最重要的内容，对于达成活动目标起着决定性作用。侧面钻对于中班幼儿身体的协调性来说要求比较高，而中班幼儿的动作准确性和自控能力较差，因此将活动难点目标定为在幼儿在侧面钻时能及时弯腰低头、移动重心。观察发现，本班的幼儿已经掌握正面钻的动作技能。

二、环境创设与材料的投放

本次活动布置了军事主题的情境，以游戏贯穿整个活动。在活动中创设宽松、愉快的教学氛围，激发幼儿与他人及环境的积极交流与探索。

活动材料：本次活动最重要的材料就是拱形门，为了让幼儿在钻过拱形门时主动探究侧面钻的动作，而不是使用已经学会的正面钻动作，我们在普通拱形门的基础上进行了改造，在拱形门内侧粘贴酸奶盒，以此来减小拱形门的宽度，使幼儿不能用正面钻的方法通过拱形门。除此之外，活动中还用到了小红旗，小红旗的数量大于本班幼儿人数，保证在每一次游戏中，所有幼儿都能取回一面小红旗。

三、教学方法

《纲要》中指出：幼儿是积极的活动者和主动学习者，直接经验感知、操作和游戏活动是幼儿学习的主要方式。因此，在本次活动中，我通过以下教学法完成本次活动。

(1) 情境教学法：通过创设军事主题的情境，运用游戏语言吸引幼儿主动参与活动，让幼儿身临其境，使幼儿在有趣的情节游戏中，感受到体育活动的快乐。

(2) 动作示范法：通过教师的示范和讲解，引导幼儿学习侧面钻的动作要领，并通过幼儿的示范进行动作的强化。

(3) 提问教学法：在游戏小结中，通过提问鼓励幼儿表达自己的想法，并通过追问引导幼儿进行深度思考。

整个活动以幼儿为主体，遵循由浅入深的教学原则，幼儿在游戏中掌握活动的重难点。本次活动采用的学法有：

(1) 多通道参与法：在活动中，我引导幼儿看一看、试一试、比一比、说一说等，使幼儿进行了多种感官的参与。

(2) 展示法：让幼儿展示自己的本领，发挥幼儿的主体地位，使每个幼儿都有表现自我的机会，更好地在集体面前展示自我。

(3) 体验法：为了加深幼儿对侧面钻动作要领的掌握，我提供了丰富的游戏材料，让幼儿在游戏的过程中加深体验。

(4) 游戏练习法：通过设置不同的游戏环节，体现递进性，使幼儿在游戏中巩固侧面钻的动作要领。

四、活动后反思优点与不足

1. 活动中的优点

(1) 游戏化和情境化的教学活动，幼儿参与活动的积极性高，教师的语言生动、形象，亲和力强，教师之间配合默契。

(2) 活动设计围绕目标，层层递进，活动材料丰富，体现层次性。

(3) 动作分析到位，并通过多种教学方法帮助幼儿掌握动作，突出幼儿主体地位。幼儿通过探索、交流分享、体验游戏等方式，掌握侧面钻的动作技能。

(4) 在活动中增加领域间的整合，在语言领域中鼓励幼儿表达与分享，在数旗子的环节，让幼儿数数并比较两组物体的多少，将科学领域的内容融入其中。在活动中加入了不同层次的游戏情境，鼓励幼儿敢于尝试有一定难度的活动和任务，在此也融入了社会领域的内容。

2. 活动中的不足

在活动中，我的语言应该再精练一些，在游戏中角色的称呼角度应该统一，在分享经验和示范动作时可以请幼儿站成一排，这样方便关注到每位幼儿。在游戏中发现幼儿蹲下侧身并步走的时候，下肢力量发展较弱。

五、改进措施与启示

今后的改进措施：在提供材料方面，根据幼儿的经验和发展，可适当将难度提升，提高幼儿的挑战性。在以后的活动中多增加锻炼幼儿下肢力量的活动。

四、幼儿园体育教学评价标准

表 8－2 所示为幼儿园体育教学评价标准，可以为教师提供简便易测的相关指标。

表 8－2　幼儿园体育教学评价标准

参评教师姓名：　　　　　　　　所在单位：
评价日期：　　　　　　　　　　评价人：

<table>
<tr><th rowspan="2">评价内容</th><th rowspan="2">评价要点</th><th rowspan="2">各项评分</th><th colspan="3">评价等级</th></tr>
<tr><th>好</th><th>较好</th><th>一般</th></tr>
<tr><td rowspan="3">教学目标 20 分</td><td>1. 是否充分体现体育活动的价值，是否符合《纲要》及《指南》的精神与理念</td><td>10 分</td><td rowspan="3">18～20 分</td><td rowspan="3">14～17 分</td><td rowspan="3">13 分以下</td></tr>
<tr><td>2. 目标明确、具体，可操作性强，符合本班幼儿实际状况</td><td>5 分</td></tr>
<tr><td>3. 重难点设置适宜，内容具有针对性，难度与活动量适合</td><td>5 分</td></tr>
<tr><td rowspan="5">教学准备 20 分</td><td>1. 提供材料充分、安全卫生，有利于达成目标，能支持幼儿探究操作，体现趣味性、层次性、挑战性</td><td>4 分</td><td rowspan="5">18～20 分</td><td rowspan="5">14～17 分</td><td rowspan="5">13 分以下</td></tr>
<tr><td>2. 依据目标、幼儿实际水平和兴趣，选择适宜的教育内容，注重生活化和兴趣性，注意领域间的渗透与整合</td><td>4 分</td></tr>
<tr><td>3. 为幼儿参加活动做好相关经验和知识能力方面的准备</td><td>4 分</td></tr>
<tr><td>4. 围绕教育内容准备设备材料，并为幼儿创设充分参与、交流的条件与机会</td><td>4 分</td></tr>
<tr><td>5. 建立良好的学习常规，幼儿能够积极有序地参与并完成体育活动</td><td>4 分</td></tr>
</table>

续表

评价内容	评价要点	各项评分	评价等级		
			好	较好	一般
组织与指导40分	1. 活动组织有序、活动过程流畅	5分	36～40分	31～35分	30分以下
	2. 活动有层次性，重难点突出	5分			
	3. 教师注意观察幼儿的活动情况，并根据实际情况做出恰当反馈	5分			
	4. 教师采用的教学方法与手段合理、有效，能充分调动幼儿的积极性、主动性和参与性	5分			
	5. 教师既面向全体幼儿又能够及时关注幼儿的个体差异性，帮助得法，辅导方法有效	5分			
	6. 教师动作示范规范标准，规则讲解简明扼要	5分			
	7. 按时完成教学任务，目标全部达成	5分			
	8. 运动强度与密度安排合理	5分			
活动效果及反思20分	1. 幼儿积极主动，学习兴趣高，思维活跃	5分	18～20分	14～17分	13分以下
	2. 为幼儿提供有益学习经验，具有发展价值	5分			
	3. 多数幼儿能达到目标要求，有成就感	5分			
	4. 幼儿有良好的学习习惯，幼儿学习态度积极，情绪积极愉悦，注意力集中，动作练习规范，有较强的坚持性	5分			

本章小结

幼儿体育活动的设计与评价，对于科学并有计划地安排组织幼儿体育活动及体育小组教研活动，提高幼儿体育活动开展的质量有着非常重要的作用。因此，了解幼儿园体育活动设计的原则、方法与步骤，掌握幼儿体育活动的评价方法与评价内容，能够帮助教师科学制订计划，并能对幼儿体育活动进行客观评价。

实训内容

1. 每位学生自主设计一节体育活动，并利用在幼儿园实习的机会进行实践。

2. 学生分成小组，组成互评小组，分别开展组内设计活动的评价。

3. 每位学生在实践结束后，针对自己的设计进行自评，围绕评价的四个要点进行自我反思。

同步练习

1. 幼儿园体育活动设计的原则是什么？

2. 幼儿园体育活动评价的方法有哪些？

3. 幼儿园体育活动评价的内容有哪些？

4. 幼儿园体育活动设计的框架是什么？各环节的时间如何分配？

参考文献

[1] 约翰·瑞迪．运动改造大脑［M］．杭州：浙江人民出版社，2013.

[2] 冯志坚．学前儿童体育［M］．长春：东北师范大学出版社，2014.

[3] 汪超．幼儿园体育活动设计与指导［M］．上海：复旦大学出版社，2011.

[4] 张首文，白秋红．幼儿园体育活动设计与指导［M］．北京：人民邮电出版社，2017.

[5] 徐俊君．幼儿园乡土体育游戏［M］．北京：人民教育出版社，2002.

[6] 王占春．幼儿园体育活动理论与方法［M］．北京：人民教育出版社，2002.

[7] 刘馨．学前儿童体育［M］．北京：北京体育大学出版社，2004.

[8] 麦少美，孙树珍．学前儿童健康教育活动指导［M］．3版．上海：复旦大学出版社，2015.

[9] 张首文．学前儿童健康教育［M］．北京：清华大学出版社，2015.

[10] Greg Payne，耿培新，梁国立．人类动作发展概论［M］．北京：人民教育出版社，2008.

[11] 朱清，侯金萍．幼儿园优秀体育活动设计99例［M］．北京：中国轻工出版社，2015.

[12] 刘馨．幼儿园体育活动整体方案［M］．武汉：华中师范大学出版社，2014.

[13] 张丹枫．学前教育五大领域活动案例与评析［M］．北京：北京师范大学出版社，2018.

[14] 朱宗顺．学前教育原理［M］．北京：中央广播电视大学出版社，2011.

参考文献

[1] [illegible]

[2] [illegible]

[3] [illegible]

[4] [illegible]

[5] [illegible]

[6] [illegible]

[7] [illegible]

[8] [illegible]

[9] [illegible]

[10] [illegible]

[11] [illegible]